U0628780

教育部人文社会科学研究规划基金"社交媒体非语言成分自动分析研究
（19YJAZH070）"项目资助

面向社交媒体的
非语言成分自动分析与处理

钱 涛 著

九州出版社
JIUZHOUPRESS

图书在版编目（CIP）数据

面向社交媒体的非语言成分自动分析与处理 / 钱涛
著 . -- 北京 ：九州出版社，2023.7
ISBN 978-7-5225-1985-2

Ⅰ . ①面… Ⅱ . ①钱… Ⅲ . ①媒体－信息处理－研究
Ⅳ . ① G206.2

中国国家版本馆 CIP 数据核字 (2023) 第 134719 号

面向社交媒体的非语言成分自动分析与处理

作　者　钱　涛　著
责任编辑　云岩涛
出版发行　九州出版社
地　址　北京市西城区阜外大街甲 35 号 (100037)
发行电话　(010) 68992190/3/5/6
网　址　www.jiuzhoupress.com
印　刷　定州启航印刷有限公司
开　本　710 毫米 ×1000 毫米　　16 开
印　张　16
字　数　215 千字
版　次　2023 年 7 月第 1 版
印　次　2023 年 7 月第 1 次印刷
书　号　ISBN 978-7-5225-1985-2
定　价　98.00 元

　　人类正在步入人工智能时代，让计算机理解人类语言是人与计算机之间用自然语言进行有效沟通的关键。自然语言处理是人工智能皇冠上的一颗明珠，它是人工智能最具有挑战性的任务，也是最有吸引力的研究领域。最近，ChatGPT 以其强大的信息整合和对话能力惊艳了全球，在自然语言处理上表现出了惊人的能力与潜力。

　　社交媒体是互联网上基于用户关系的内容生产与交换平台，它是人们用来创作、分享、交流意见、观点及经验的虚拟社区和网络平台，也是人类语言精华的集中展示平台。让计算机理解社交媒体语言具有重大的理论意义和实用价值。然而，社交媒体语言不同于新闻、博客等规范文本，它表现为句子简短、单句多、口语化严重，这使得传统的语言理论很难直接应用于社交媒体语言，特别是为了让社交媒体具有更强的社交属性，人们创造了各式各样的非语言成分，使得计算机更难理解社交媒体语言。

　　在面对面（Face to Face）交流中，非语言成分主要包括面部表情、姿态、手势，其用于交流者之间传递情感、构建关系和表达观点。然而在以计算机为媒介（Computer-Mediated Communication，CMC）的信息交流方式，如论坛、微博和即时通信等社交媒体中，由于上述非语言线索并不能直接使用在文本语言中，导致情感等重要信息无法传达，使得交流存在障碍。社会心理学家分别提出了社会临场理论、社会信息处理理论和超人际理论来指导以计算机为媒介的信息交流。他们认为，人们能通过非语言成分特别是表情符等的使用，使得社交媒体信息具有社会意义。非语言成分作为社交媒体的重要组成部分，吸引了社会心理学、语言学研究的注意力，同时在信息处理领域也起着重要作用。在信息处理领域，非语言成分有助于情感分析、反讽检测、幽默理解及信息消歧等。

非语言成分最主要的功能之一是传递情感，表情符是传递情感的主要载体。大多数研究假设非语言成分特别是表情符表达了说话者的情感，因此非语言成分与语言成分被看作两个独立的信息通道。对于这一假设，另外一些学者提出了不同的见解。他们认为，表情符的含义并不是固定的，是有歧义的，它们在不同的上下文中有不同的含义。社会认知学领域的研究认为，社交媒体的情感表达并非表情符与文本情感的简单相加，而是类似于面对面交流的语言与非语言成分的关系，社交媒体中表情符与文本相互作用、相互交互，共同完成社媒信息的情感表达。基于此，著者在本书中篇研究社交媒体表情符与文本的情感交互。

基于表情符与文本存在情感交互这一认知事实，第3章深入研究并探讨非语言成分与语言成分的交互机制，特别是表情符与文本的情感交互机制。根据表情符对文本的情感影响，书中提出五种情感交互类别：情感表达、矛盾表达、情感增加、情感减缓和非情感交互。这种表情符与文本交互类别定义简单明确，完整地刻画了表情符对文本的情感影响。这种交互类别划分可直接运用于社交媒体信息处理，如在情感分析任务中，分析出表情符与文本的交互类别后，利用表情符与文本的各自情感，整个社媒信息的情感计算采用线性运算即可。著者利用标注语料对情感交互进行详细分析，结果显示表情符与文本的情感交互存在较强的规律性。这种从动态的角度、交互的角度研究社交媒体，将有助于揭示对社交媒体语言理论的研究真谛，有助于计算机处理和理解社交媒体文本。

在第4章，实现了计算机对社交媒体非语言成分的自动分析，把该问题划分为四个子问题：①非语言成分识别；②交互文本识别；③交互关系；④交互强度检测。显然，这四个子问题是相互依存的，非语言成分、交互文本的识别影响交互关系及交互强度的结果，反过来，交互关系的判断也可以修正交互文本的识别。因此，这四个子问题适合采用联合模型。从另一方面来看，交互机制识别本质可看作一个关系结构预测问题，因此该分析问题形式可化为一个结构预测问题。著者提出一个基于 LSTM–NN 的联合结构的交互预测模型，实验结果显示该模型具有较优的性能。这使得自动化分析表情符与文本的情感交互机制成为可能。

　　在此基础上，著者把表情符与文本的情感交互运用于微博的情感分析与诱因抽取。表情符对文本的交互作用类似于神经网络的注意力机制。例如，在一个微博句子中，每个词语的信息量权重是不同的，表情符同时对文本中词语的权重产生影响，改变文本的表达，进而改变文本的情感极性表达。基于此，第 5 章提出基于表情符注意力机制的神经网络模型。该模型较好地模拟了表情符对文本的情感交互作用这一认知事实。实验结果显示，表情符注意力机制能有效识别微博情感极性，并且准确率与 F 值都超越了仅将表情符作为特征加入神经网络的方法。此外，在社交媒体中，情绪诱因抽取与情绪识别是社媒分析中两个重要的研究任务。第 6 章提出情绪诱因抽取及表情符情绪识别的联合模型，该模型把情绪诱因抽取看作一个序列标注任务，把表情符情绪识别也看作一个序列标注任务，进而二者形式化为一个统一的序列标注任务。该模型采用双向循环神经网络模型与条件随机场模型联合进行训练，充分利用了远距离信息及全局特征，同时避免了复杂的特征工程。

　　在社交媒体中，除了表情符这一类显式的非语言成分外，还存在另一类隐式的非语言成分，即非规范化拼写。由于纯规范文本通常不具备社交属性，用户为了表达某种情绪或追求娱乐性，会人为地加入一些噪声、非规范词、非规范符号和非规范语言格式，从而使文本具有交际功能，如下面两个微博社交媒体中的例子：

　　（1）今天天气好好哦，所以 LULU 的心情也灰常灰常滴晴朗。

　　（2）清理一些围脖腊鸡，心情大好！

　　非规范词的使用使得这些社交媒体文本具有更丰富的社交属性，如在例子（1）中"灰常灰常滴"展示了一个天真可爱、心情放松的博主的形象，例子（2）通过谐音"围脖腊鸡"，表达博主愉悦的好心情。显然，这类非规范化的社交媒体能产生意想不到的效果，使得文本具有社交功能。因此，本书也把此类非规范化拼写看作一类隐式的非语言成分。

虽然社交媒体中非规范文本的使用提升了社交属性，但大量的非规范用语也带来了更加严重的问题，即传统自然语言处理工具在处理这些文本时性能较低。为了解决这种非规范性问题，许多研究者提出一个解决思路，即先把文本规范化，将其转化成规范文本，然后在规范文本上进行文本分析处理。在本书下篇，著者探讨了社交媒体的非规范文本处理问题。

文本规范化通常可分为三个步骤来处理。第一步是非规范词识别。中文社交媒体的非规范词不仅包含 OOV 词（词典外的词），也包含大量的 IV 词（词典内的词）。例如，上面例子中的非规范词"围脖、腊鸡"等就是 IV 词，其本质是产生了一个新的词义。因此，在中文社交媒体中，非规范词的识别可以看作一个词义消歧的过程。非规范词通常有与之对应的规范词，构建一个非规范词词典能简化候选规范词发现过程，有助于把文本规范化应用于上层任务。第二步是非规范词词典的构建。其关键是如何从大规模语料中挖掘非规范词与规范词词对关系。文本规范化是文本分析的预处理步骤之一，如何把它与自然语言处理的其他任务结合起来，有效地应用于其他 NLP 任务中也是值得研究的内容。第三步是如何把社交媒体文本和传统的 NLP 任务，如分词、词性标注联合处理。中文社交媒体文本面临的另一个问题是分词，传统的分词工具在中文文本的分词效果较差。从直觉上讲，良好的分词有助于文本规范化；反过来，文本规范化能帮助识别分词。

在非规范词识别任务上，第 8 章把它当作一个消歧任务。针对传统的词典不能满足微博词消歧要求的状况，本书提出了一个基于词汇链超图的词义归纳模型。该模型采用词汇链表示目标单词的多实例的高阶语义关系，然后利用词汇链构建超图模型。该模型从全局的角度抓住了复杂的高阶语义关系，克服了传统方法采用局部二元关系来构造实例间的语义关系的问题。

在非规范词典构建任务上，第 9 章探讨了如何从大规范语料中挖掘出非规范词—规范词词对关系。本书提出一个多词义嵌入表示的学习模型，该模型克服传统多词嵌入表示中不同词的词义表示是相互独立的问题，提出全局的多词义嵌入表示，该嵌入表示能有效地表达不同词的同义关系。此外模型引入窗口位置信息，有效地缓解了表示偏差问题。利用该模型，采用过滤和分类等后处理，本书提出了一个从大规模微博语料中挖掘非规范词—规范词词对关系的框架。

在规范化及应用任务上，第 10 章针对中文微博存在分词问题，提出一个联合分词、词性标注和文本规范化模型。该模型采用迁移的方法，在分词和词性迁移的基础上，通过增加迁移行为对文本进行规范化。分词和词性标注在规范的文本中进行，反过来好的分词和词性标注有助于识别非规范词，从而有利于规范化。该模型能有效利用规范的标注语料进行训练，克服了缺少微博语料的问题。使用两类特征对模型打分，其中规范文本特征可作为公共特征，非规范文本可作为领域特征，自然地实现了特征扩充，使该模型具有较好的域适应性。

本书根据研究内容分为三部分，分别是非语言成分概述、社交媒体表情符与文本的情感交互和社交媒体文本规范化。由于内容较为繁杂，著者学识有限，书中仍存在不足之处，还请大家不吝赐教。

在写作本书时，著者得到了许多专家和学者的帮助，他们提出许多宝贵的意见与建议。在此，特别要感谢姬东鸿、戴文华、范平、赵君喆、金国念、邓树文、娄银霞、李霏等，与他们的讨论和交流有助于本书的完成。最后，要感谢编辑老师们，他们在文字表达及版式设计等方面给予了极大的帮助。

[目录]

上 篇

非语言成分概述

第1章　社交媒体非语言成分

1.1　社交媒体

社交媒体（Social Media）指互联网上基于用户关系的内容生产与交换平台。它是人们用来创作、分享、交流意见、观点及经验的虚拟社区和网络平台。社交媒体在互联网上的蓬勃发展，爆发出令人炫目的能量，其传播的信息已成为人们浏览互联网的重要内容，不仅制造了人们社交生活中互相讨论的一个又一个热门话题，还更进一步地吸引了传统媒体争相跟进。现阶段，社交媒体主要有微博、微信、博客、论坛、播客等。当前国内常用的社交媒体平台主要包括以下几种。

（1）新浪微博。新浪微博是国内较大的娱乐休闲、生活服务信息分享和交流平台，是媒体监控和跟踪突发消息的重要来源。

（2）微信。微信主打熟人圈的社交媒体，其朋友圈、微信红包、公众号等成为人们日常生活的焦点。

（3）QQ空间。QQ空间是展现个人特色的多媒体空间博客，是活跃度高、互动性强的记录生活平台，也是人们常用的大型社交网络。

（4）百度贴吧。百度贴吧是全球较大中文社区，是基于关键词的主题交流社区。

（5）抖音。抖音是由字节跳动孵化的一款音乐创意短视频社交软件。它是一个面向全年龄的短视频社区平台，用户可以通过这款软件选择歌曲，拍摄短视频形成自己的作品。

此外，海外比较有影响力的社交媒体平台主要包括以下几种。

（1）Facebook（脸书）。Facebook是全球最大的海外社交媒体平台，覆盖了广泛的年龄层，拥有庞大的用户群，每月活跃用户达 28 亿。Facebook 作为一个全球领先的市场营销和广告平台，是海外社交媒体营销的首选。

（2）Instagram。Instagram 是 Facebook 旗下的海外社交媒体平台之一，每月活跃用户超过 10 亿。用户可以通过这一平台以一种快速、精彩、有趣的方式相互分享照片。Instagram 以简洁的设计、有趣的内容和优质的体验深受海外年轻人的喜爱。

（3）Twitter（推特）。Twitter 是一家来自美国的社交网络和微博客服务（微博）网站，是全球访问量排名前十的网站之一，每天大约有 1.92 亿的活跃用户。其交流内容主要包括电商、娱乐、旅游、手机应用、游戏、电子产品等。

（4）LinkedIn。LinkedIn 是世界上最大的职业社交网站，也是一家针对商业用户的社交网络（SNS）。LinkedIn 连接了全球 6 亿多职场用户，拥有海量的用户数据，并根据品牌需求和目标市场区域性投放策略及用户的特点，为其推荐符合需要的广告，其广告投放精准性高，能够触达理想客户。

（5）Tiktok。Tiktok 是由字节跳动孵化的面向国外用户的类似抖音的一款音乐创意短视频社交软件。

社交媒体作为一个社交的平台，一方面扩展了人际关系，另一方面也减少了人与人之间的直接交流。由于无法像面对面交流采用如手势、面部表情等非语言交际信息，社交媒体无形中减少了人与人之间的情感交流，对人际关系造成了很大的困扰。幸运的是，人们已经找到了社交媒体的非语言交际方法，即利用社交媒体中的非语言成分，交流者能自如地进行人际交流、表达情感。

1.2　非语言交际

人类交流通常由语言和非语言两部分组成，语言交际和非语言交际共同构成人类交际不可分割的整体。语言交际是指在交际中使用的词语、文本等语言成分，其结构严谨，且有正式的语法规则；而非语言交际则指采用除了语言成分以外的方式进行交流的部分，其几乎没有规定的正式结构。虽然语言交际是人类交流传播信息的主体，但非语言交际在人际交往中具有举足轻重的作用。布罗斯纳安指出，交际中一半以上的信息是通过非语言信号传递的。[①] 而罗斯（Ross）认为，在面对面的交流中非语言交际（主要是身势语）所传达的信息高达 65%。[②] 加州大学洛杉矶分校进行的一项研究发现，大多数交流都是非语言的，该研究的统计数据显示，信息中只有 7% 是通过文字传递的，93% 是通过非语言元素如声调、姿势和手势等完成的。[③]

关于非语言，不同的学者有不同的概念界定。《中国大百科全书·语言文字》把"非语言"称为"副语言"，指无声而有形的现象，即与话语同时或单独使用的手势、身势、面部表情、对话的位置和距离等。[④] 语言学家霍尔（Hall）、鲁斯（Ruesch）和凯斯（Kees）认为，非语言交流指除语言以外的一切交流。[⑤] 马兰德罗（Malandro）和巴克（Barker）提出，非语言交际是一种体现非语言行为的过程，它在特定的场合或语境中要么独自出现，要么与语言行为同时发生，以表达自己的思想或领会别人

① 布罗斯纳安. 中国和英语国家非语言交际对比 [M]. 毕继万，译. 北京：北京语言学院出版社，1991.

② ROSS R S. *Speech Communication: Fundamentals and Practice*[M]. Englewood Cliffs, NJ: Prentice-Hall, 1977.

③ BERSCHEID E S . Review of Silent Messages: Implicit Communication of Emotions and Attitudes. 2nd ed.[J]. *PsycCRITIQUES*, 1981, 26(8): 648.

④ 中国大百科全书出版社编辑部. 中国大百科全书·语言文字 [M]. 北京：中国大百科全书出版社，1988: 84.

⑤ HALL E T, RUESCH J, KEES W. Nonverbal Communication: Notes on the Visual Perception of Human Relations[J]. *American Sociological Review*, 1956, 21(6):809-818.

的意图。① 杨平认为，非语言交际是指交际者运用身体的自然特征和本能向对方传递信息、表达特定语意的过程。② 著者认为，非语言交际是指语言行为以外的所有交际行为，包括身体动作、面部表情、时空信息、非语言声音、体貌等。

非语言交际对于交际双方都具有潜在的信息价值，作为交际的一个重要组成部分，它可以直接用来表明态度、交流思想、抒发情感、掩饰内心状态，进而增强交际的效果。马兰德罗（Malandro）和巴克（Barker）提出非语言交际具有六个功能。

（1）补足（complementing）：当语言行为不足以表达所要传递的信息时，这就需要非语言成分的配合，从而使语言表达更充分、更生动形象。例如，人们给小孩讲有关"狗"的故事时，常常不仅模仿狗的汪汪叫声，还用手握住两只耳朵呈"狗耳朵"状。

（2）矛盾（contradicting）：有时非语言与语言成分所传达的信息不一致，语言成分传达的并非真正的信息，而非语言成分传达的反而才是真正的信息。例如，有人口头说："我一点也不紧张。"而他的声音及手脚都在发抖。在这种情况下，人们往往倾向于更相信非语言信息。

（3）重复（repeating）：它可以单独起作用，重述交际信息。比如，当你给人指路时，在口头指出后，再用手势等指明方向，这就是一种重复。

（4）调整（regulating）：在两人对话中，一方常常以点头、改变语调、拍对方的肩膀等暗示对方继续说下去或住口，从而起到调节两人之间交流的作用。

（5）替换（substituting）：有时在某些特定的场合，不能或不便用语言发出信息。此时，人们往往用间接、曲折、较隐晦或委婉的非语言方式来代为传达某种信息。例如，在中国古代，主人对客人不耐烦时，就

---

① MALANDRO L A, BARKER L L. *Nonverbal Communication*[M]. Reading, MA: Addison Wesley Publishing Company, 1983.

② 杨平. 非语言交际述评 [J]. 外语教学与研究, 1994(3):1−6, 80.

用倒扣茶杯的方式下逐客令；在西方，面试时，考官对应试者不满意，则故意装出坐立不安的样子，要么擦眼镜片，要么开始剪指甲。

（6）强调（accenting）：非语言交际主要用来强调语言信息或其他非语言信息的特别或重要之处。例如，在上课过程中，老师常以停顿或重音强调要点。

阿盖尔（Argyle）提出的观点更为明确，其从语用的角度总结了非语言交际在人类交际中具有五个主要作用。[①]

（1）情绪表达——情绪主要通过面部、身体和声音表达情感或情绪。

（2）人际态度的交流——通过非语言信号（语调、凝视、触摸等）来建立和维持关系。

（3）伴随和支持语音——发声和其他非语言行为与对话中的语音同步（点头或在另一个人说话时使用"嗯"之类的短语）。

（4）自我展示——通过外表等非语言属性向他人展示自己。

（5）仪式——使用问候、握手或其他仪式。

虽然不同学者对非语言在人际交往中的作用有不同阐述，但总体来看，非语言成分主要用于交流者之间传递情感、构建关系和表达观点等，它与语言成分共同完成人类交际，两者相互依存，互为补充。

1.3　社交媒体中的非语言成分

在面对面（Face to Face）交流中，非语言成分主要包括面部表情、姿态、手势，其用于交流者之间传递情感、构建关系和表达观点。然而在以计算机为媒介的信息交流（Computer-Mediated Communication，CMC）方式，如论坛、微博和即时通信等社交媒体中，上述非语言线索并不能直接使用在文本语言中，导致情感等重要信息无法传达，使得交

---

① ARGYLE M. *Bodily Communication*[M]. 2nd ed. New York, NY: Methuen, 1988.

流存在障碍。^{①②} 为了克服这一问题，人们在社交媒体中使用各类非语言表现形式，如表情符、语气词、大量的非标准拼写形式来代替人际交流中的非语言线索。例如：

（1）刚收到的生日礼物，哈哈哈哈。

（2）你太牛了！！！！！！！

（3）谈话者 A：大家好！　　谈话者 B：

（4）工作鸭梨大啊。

例子（1）中的"哈哈哈哈"，例子（2）中的"！！！！！！"，例子（3）中的表情符都属于非语言成分。在例子（4）中，并没有显式的非语言成分，但其"鸭梨"对"压力"的非标准形式代替，展示了用户不一样的一种心情，使得该社媒文本具有社交属性。这种非规范化拼写本质上也是社交媒体中常见的一种非语言表示形式。

非语言成分已广泛使用在社交媒体中，特别是表情字符（emoticon）及表情符（emoji）（后文两者统称表情符），已经成为以计算机为主要媒介的信息交流的重要部分。

随着以计算机为媒介的信息交流，特别是社交媒体的快速发展，大量研究聚焦于社交媒体的非语言成分。研究证据显示，非语言成分是文本信息交流的重要补充，人们使用它们可以轻松表达情感，进而增强虚拟环境中的人类交流。在社交媒体中，非语言成分种类繁多，如表情符、语气词、非标准拼写等，其中使用最广泛的非语言成分是表情符。

1982 年，美国卡内基梅隆大学的斯科特·法尔曼教授在电子公告板上第一次输入了一串 ASCII 字符："：-）"（微笑，顺时针旋转 90 度可得），

---

① DRESNER E, HERRING S C. Functions of the Nonverbal in CMC: Emoticons and Illocutionary Force[J]. *Communication Theory*, 2010, 20(3): 249−268.

② LO S K. The Nonverbal Communication Functions of Emoticons in Computer−Mediated Communication[J]. *CyberPsychology & Behavior*, 2008, 11(5): 595−597.

人类历史上首个电脑笑脸即第一个表情字符（emoticon）就此诞生。[①] 从此，网络表情符号在互联网世界风行，为社会广泛接受。如今许多通信程序（特别是即时通信程序）及论坛开始应用更生动的小图案（icon）来表达心情，人们将情绪（emotion）与小图案（icon）两个英文单词巧妙地合并，成为新词"emoticon"。随着社交媒体的发展，一种新的非语言成分即表情符（emoji）被广泛使用，已经成为新一代社交媒体交流中不可或缺的元素。不像 emoticon 仅由键盘字符构成，emoji 由不同的小图片、符号或图案构成真实的象形文字，图 1–1 列出了微博中常用的表情符（emojis）。

图 1–1　微博中常用的表情符（emojis）

表情字符、表情符号在 CMC 中的广泛应用，吸引了研究人员的极大关注。德克斯（Derks）等人提出，表情符号等非语言成分在 CMC 中主要用于表达情感并减缓在线交流中的负面影响。[②] 吉布里尔（Jibril）和阿卜杜拉（Abdullah）进一步指出，表情符号不仅仅是对语言成分的补

① KROHN F B. A Generational Approach to Using Emoticons as Nonverbal Communication[J]. *Journal of Technical Writing & Communication,* 2004, 34(4):321–328.

② DERKS D, FISCHER A H, BOS A E R. The Role of Emotion in Computer–Mediated Communication: A Review[J]. *Computers in Human Behavior*, 2008, 24(3):766–785.

充，而且具有实际的文本功能。[①] 阿尔杜纳特（Aldunate）等人从神经认知角度验证了人类在交流中大脑是如何处理表情符号的。[②] 其他的研究涉及各类不同的话题，如对用户的行为调查、男性和女性使用表情符之间的差异及偏好、使用表情符的动机及对人际关系的影响等。这些研究有助于人们深刻理解社交媒体中各类非语言成分的使用。

非语言成分作为社交媒体的重要组成部分，被社会心理学、语言学领域广泛关注，同时在信息处理领域也起着重要作用。在信息处理领域，非语言成分有助于情感分析、反讽检测、幽默理解及信息消歧等。

1.4　社交媒体中的非语言成分理论基础

在线用户利用非语言成分使他们的信息具有了社会意义，这使得非语言成分的研究受到了广泛重视。研究者也已经找到相关理论和方法来解决以文本为基础的 CMC 的情感表达受限的问题。当前非语言成分研究理论基础主要包括社会临场理论、社会信息加工理论和超人际理论。下面将简要介绍三种主要的非语言成分理论。

1.4.1　社会临场理论

社会临场感（Social Presence），又称社会存在、社会表露、社会呈现，在我国大多数学者则普遍将其翻译为社会临场感。社会临场理论（Social Presence Theory）是传播学技术与社会研究领域的一个重要理论，该理论由肖特（Short）等人于 1976 年提出。[③] 他们阐述了社会临场感的

---

① JIBRIL T A, ABDULLAH M H. Relevance of Emoticons in Computer-Mediated Communication Contexts: An Overview[J]. *Asian Social Science*, 2013, 9(4):201-207.

② ALDUNATE N, GONZÁLEZ-IBÁÑEZ R. An Integrated Review of Emoticons in Computer-Mediated Communication[J]. *Front. Psychol.*, 2016(7): 2061.

③ SHORT J, WILLIAMS E, CHRISTIE B. *The Social Psychology of Telecommunications*[M]. London:Wiley, 1976.

概念以及如何通过社会临场感增强人们在线交互时的真实感。他们认为，人们在交往互动的过程中，通过不同的媒体所体验到的社会临场感也是不同的，越高层次的社会临场感越能促进人们交流的意愿与积极性。人们可能认为一些媒体的社会临场感高，而另外一些媒体的社会临场感低。更重要的是社会临场感比较高的媒体通常被认为是社交性的、热情的、人性化的，而社会临场感比较低的媒体则被认为非人性化的。具体来说，在基于媒介的沟通与交互过程中，媒介通常依赖多种语言和非语言线索传递信息，传递更多线索的媒介会引发更高水平的社会临场感，能够让沟通者产生更强烈的对他人的感知，从而获得与面对面沟通时相近程度的真实感。

1. 社会临场感的应用与发展

社会临场感理论自创建以来，已被广泛应用于通信、电子商务、人机交互、远程教育等多个领域。研究者因其研究领域、研究视角、研究主题的不同而对该理论有着多元化的认识。

该理论首先应用于通信领域。肖特（Short）等人检验了面对面、闭路电视和音频这三种媒介的社会临场感差异，发现面对面通信具有最高程度的社会临场感，其次是闭路电视，最低的是音频。由于 CMC 丢失了人际面对面交流中的非语言线索，沃尔瑟（Walther）等人利用社会临场感理论解释 CMC 固有的非人性化的属性。[①] 这一阶段研究者主要关注的是商业背景下的 CMC。

20 世纪 90 年代，随着因特网的出现，在线教育得以快速发展，研究者对肖特（Short）等人的社会临场感概念进一步扩展，他们认为，参与在线学习的学习者能够将自己的个性投入讨论当中并建立社会临场

---

① 　WALTHER J B, PARKS M R. Cues Filtered Out, Cues Filtered In: Computer-Mediated Communication and Relationships[M]//KNAPP M L, DALY J A. *Handbook of Interpersonal Communication*. Thousand Oaks, CA: Sage, 2002.

感。①② 这些在线学者处在虚拟环境时，通过使用情感符号、讲故事甚至使用幽默的语言来表达个性化的自我，在其他在线学习者面前能够呈现自己的真实存在，并且感觉到与他人是连通的。③ 这些研究认为，虚拟学习环境中学习者对社会临场感的感知能够弥补网络过滤掉的线索。社会临场感已经成为在线学习的一个核心的概念。

2. 社会临场感的内在属性

社会临场感是个复杂的概念，既涉及技术因素，也涉及社会因素。技术因素与社会因素共同影响社会临场感，贯穿在该理论整个发展过程之中。

社会临场感是媒体的一种属性，不同的媒体在传达社会情感的言语和非言语线索方面具有不同的潜能。媒体的变化影响交互的本质，交互的目的影响个体交流使用媒体的选择。社会临场感理论通常用来划分通信媒体的等级，如根据社会临场感的程度，媒体的等级可表示为"面对面 > 视频会议 > 音频"。基于此理论，高社会临场感的媒体更适合执行有关人际关系的任务。

社会临场感是人在通信交流时对他人产生的心理感知。技术是一种支撑环境，使得一种原来没法产生的心理感受有了产生的可能性。社会临场感的产生，离不开人内心的感知。屠（Tu）指出，社会临场感是指发生在媒介环境中的人对人的知晓程度。④ 在 CMC 研究中，社会临场感

---

① NAIDU S. *Learning and Teaching with Technology: Principles and Practices*[M]. London: Kogan Page ,2003.

② SWAN K, SHIH L F. On the Nature and Development of Social Presence in Online Course Discussions[J]. *Journal of Asynchronous Learning Networks*, 2005, 9(3):115–136.

③ ROURKE L, ANDERSON T, GARRISON D R, et al. Assessing Social Presence in Asynchronous, Text–based Computer Conferencing[J]. *Journal of Distance Education*, 1999, 14(3):51–70.

④ TU C H . The Measurement of Social Presence in an Online Learning Environment[J]. *International Journal on E-Learning*, 2002, 1(2): 34–45.

则被定义为与另一个知性主体连接时的感觉、感知与反应。[①] 因此，社会临场感是在通信媒介环境中产生的心理感知。另一方面，古纳瓦尔迪纳（Gunawardena）等人认为，获得社会临场感是提高协作学习和知识建构的关键，也是影响学习者满意度的重要预测指标。[②] 他们强调了社会临场感不仅是通信交流时对他人产生的心理感知，同时这种感知也可以通过人的行为来构建和维持。

社会临场感具有多因素特性。不同的研究者研究的视角不同，对社会临场感的维度划分也不同。肖特（Short）等人认为影响社会临场感的维度有"交互响应""情感响应""凝聚力响应"；[③] 屠（Tu）认为影响社会临场感的因素包含社会情境、在线交流、互动性、系统隐私、隐私感五个因素；[④] 克雷因斯（Kreijns）则认为影响在线学习者社会临场感的因素与学习者的社交能力、社会性空间中的学习者的行为密切相关。[⑤]

此外，国内的学者对社会临场感影响因素的探究结果也不统一。徐琦从个体心理因素、群体对个体心理因素的影响及使用者之间的互动交流与协作等方面分析影响社会临场感的影响因素，结果有"互动""真实度""亲切""协作"。[⑥] 李肖峰利用 SPSS 因素分析的方法得出了关于虚拟学习社区社会临场感的影响因子，即 F= 技术（4.717%）+ 互动

① TU C H. The Impacts of Text-based CMC on Online Social Presence[J]. *Journal of Interactive Online Learning*, 2002,1(2):1-24.

② GUNAWARDENA C N, ZITTLE F J. Social Presence as a Predictor of Satisfaction Within a Computer-Mediated Conferencing Environment[J]. *American Journal of Distance Education*, 1997,11(3):8-26.

③ SHORT J, WILLIAMS E, CHRISTIE B. *The Social Psychology of Telecommunications*[M]. London:Wiley, 1976.

④ TU C H . The Measurement of Social Presence in an Online Learning Environment[J]. *International Journal on E-Learning*, 2002, 1(2): 34-45.

⑤ KREIJNS K, KIRSCHNER P A, JOCHEMS W, et al. Determining Sociability, Social Space, and Social Presence in (A)synchronous Collaborative Groups[J]. *CyberPsychology & Behavior*, 2004, 7(2):155-172.

⑥ 徐琦. 虚拟学习社区中的社会存在感研究 [D]. 曲阜：曲阜师范大学 ,2006.

（11.754%）＋情感（9.943%）＋群体凝聚力（35.843%）＋其他（37.742%）。[①]
王广新利用探索性因子分析的方法对网络课程论坛内影响社会临场感的
因素进行了详细的分析，他认为社会临场感应该包括"面对面与达意程
度""互动性""非言语信息""亲切感""真实感"等五个因子，同时分
析结果表现出学习者社会临场感的许多因子与个人背景因素、社会支持
度呈现出显著相关性。[②]

　　以上研究者的结果可以大体分为两类，即技术因素和社会因素。技
术因素主要是学习者所在的虚拟学习环境的功能和特点，社会因素包括
情感、互动、凝聚力等因素。这两类因素也是对社会临场感内在属性的
反应，社会临场感是技术因素和社会因素的结合体，技术因素为社会临
场感提供了环境支撑，社会因素影响人们对社会临场感的感知，因此二
者不可分开来谈。

　　3. 社会临场感的测量

　　不同的研究者对社会临场感的界定不同，这直接影响了他们对
社会临场感的测量方法。目前常用的测量方法主要有社会临场感量
表（Social Presence Scale，SPS）、社会临场感指标（Social Presence
Indicators，SPI）和社会临场感与隐私问卷（Social Presence and Privacy
Questionnaire，SPPQ）等。

　　古纳瓦尔迪纳（Gunawardena）等人最早在教育背景下研究社会临场
感和CMC，他们将社会临场感分成三个维度：情感响应、交互响应、凝
聚力响应，提出了社会临场感量表（SPS）。[③] 鲁尔克（Rourke）等人试
图通过分析在线讨论的内容来测量社会临场感，确定了社会临场感的三

---

① 李肖锋. 虚拟学习社区社会存在感影响因素研究 [D]. 长春：吉林大学,2011.

② 王广新. 网络课程论坛内社会临场感的结构与影响因素 [J]. 电化教育研究, 2008
(11):48-52.

③ GUNAWARDENA C N, ZITTLE F J. Social Presence as a Predictor of Satisfaction
Within a Compute-Mediated Conferencing Environment[J]. *American Journal of Distance
Education*, 1997,11(3): 8-26.

个领域：情感响应、交互响应、凝聚力响应，并提出了 12 个内容分析的指标，即社会临场感指标（SPI）。① 例如，情感响应领域中有三个指标：情感符号的使用、幽默的使用、自我暴露。屠（Tu）开发了社会临场感与隐私问卷（SPPQ）。② 他借鉴了 CMC 态度测量方法和隐私感知方法，验证了 SPPQ 量表的内容效度和结构效度，最终提取了影响社会临场感的五个影响因素：社会情境、在线交流、互动性、系统隐私和隐私感。

1.4.2　社会信息加工理论

1992 年，沃尔瑟（Walther）提出了社会信息加工（Social Information Process，SIP）理论。③ 它是 CMC 背景下的一种形式化传播理论，其目标是在 CMC 下解释人际印象的演化及关系的发展。传统研究者认为，CMC 过滤掉了很多信息，会限制交流者在人际关系方面的发展，但 SIP 认为虽然 CMC 过滤掉了表情、音调、姿势等非语言线索，但这些损失不是致命的，基于 CMC 的交流效果和面对面沟通一样好。

沃尔瑟（Walther）等人提出了与 SIP 理论相关的五个假设和六个命题。假设是指不需要证据或进行讨论的理所当然的观点；命题是指基于假设的可证伪陈述。下面简要介绍社会信息加工理论的这些元素。

假设：

（1）人类从属，即人们使用交流来影响他们的关联方式，且消息形成关系交流。

---

① ROURKE L, ANDERSON T, GARRISON D R et al. Assessing Social Presence in Asynchronous, Text-based Computer Conferencing[J]. *Journal of Distance Education*, 1999,14(3): 51-70.

② TU C H . The Measurement of Social Presence in an Online Learning Environment[J]. *International Journal on E-Learning*, 2002, 1(2): 34-45.

③ WALTHER J B. Interpersonal Effects in Computer-Mediated Interaction: A Relational Perspective[J]. *Communication Research*, 1992, 19(1):52-90.

（2）对他人的人际印象的形成是基于个人在多次互动过程中通过非语言和 / 或语言—文本成分获得的信息。

（3）关系交流的发展变化将取决于对另一个互动者的人际印象的形成。

（4）关系信息通过非语言和 / 或语言、语言和文本操作来传输（即编码和解码）。

（5）在 CMC 中，信息的处理时间比面对面发送的信息要长。

命题：

（1）根据假设（2）和（5），由于 CMC 需要更长的时间来交换相关信息，因此先前不熟悉的交流者之间的人际印象的发展需要比面对面交流更多的时间。

（2）基于假设（2）和（5），个性化沟通（基于他人的人际交往知识）在 CMC 中出现的时间比面对面交互要长。

（3）基于假设（3）和（4），交流随着交换次数的增加而使人际关系发生变化。

（4）基于假设（3）和（5）以及命题（1），初始交互中的关系交流不同于后期交互中的关系交流。

（5）在 CMC 中产生关系交流变化的时间将比面对面互动的时间长。

（6）基于假设（1）到（5），给定足够的时间和信息交流以形成人际印象和关系发展，在所有其他条件相同的情况下，CMC 后期和面对面交流的关系效价将相同。

此外，沃尔瑟（Walther）提出了社会信息加工几个必需的要素，即关系激励因素、解码、心理级别的知识、关系变化和编码关系信息。[①] 这些要素的关系如下：某些驱动因素或关系激励因素可能会促使沟通者发

---

① WALTHER J B. Interpersonal Effects in Computer-Mediated Interaction: A Relational Perspective[J]. *Communication Research*, 1992, 19(1):52-90.

展通过解码基于文本的线索，对其他互动者产生独特印象，并从 CMC 互动中获得关于其他参与者的心理层面知识。

1.4.3　超人际理论

超人际理论（Hyperpersonal Theory，HPT）是由沃尔瑟（Walther）提出的一种理论框架。[①] 沃尔瑟（Walther）将通过 E-mail 等形式的在线沟通看作一种不同于以往的非人际沟通、人际沟通等形式的一种新的沟通形式，即他所称的超人际交流。在线交流由于具有自己独特的社会规范，因此它并非研究者们所认为的那样是反社会的，而是过度社会化的。我们并不能简简单单地用以往的对人际沟通的分类标准来衡量在线沟通的利弊。因此，新人类们最为常见的生活方式——沟网，并非意味着反社会性与违背社会规范，而仅仅是一种新的社会交流方式正在形成，研究者们却仍然停留在以往的衡量标准之上，从而形成了理论研究与实际生活的错位。超人际交流理论可以说为分析网络时代的沟通提供了一种新的表达方式。他进一步针对在线沟通存在的一些特点，如沟通中的障碍更少地受到天气之类的客观因素的制约，提出了超人际交流的理论框架。

沃尔瑟（Walther）在许多不同的学术场所阐明超人际模型不仅仅是指在线关系是亲密的，也是复杂的。他认为，一个完整的超人际交流过程是由信息发送者、信息接收者、通道、反馈等沟通要素在网络沟通背景下构成的不断螺旋式上升的回路。这四种要素组成在线交流的多样的沟通模式。

（1）信息发送者。沃尔瑟（Walther）指出，信息发送者有能力以正确的策略及积极的方式来展示自己。这种自我展示是受控的，它是 CMC 用户相互了解的基础。从超人际观点来看，发送者的本质是寻求亲和力，也就是说，发送者在线提供的信息会使他人感受到发送者的亲和力。

（2）信息接收者。在超人际观点中，这个组成部分的核心是归因。

---

① WALTHER J B. Computer-Mediated Communication: Impersonal, Interpersonal, and Hyperpersonal Interaction[J]. *Communication Research*, 1996, 23(1): 3–43.

归因是我们根据他人的行为做出的评估和判断。接收者倾向于归因，根据该理论，接收者可能"过度归因"，这意味着接收者可能认为发送者的相似之处多于差异。此外，接收者可能会过度依赖在线可用的最小线索，而忘记他或她与发送者的关系是基于文字的。

（3）通道。CMC 的异步特性允许在线参与者在发送之前考虑文本或电子邮件。此外，在发送消息之前，为了清晰、有意义和相关性，发送者可以重写它们。在线异步体验允许"最佳和理想"的通信，确保消息的高质量。沃尔瑟（Walther）认为，情感越相关或其他沟通者越受欢迎，信息撰写得就越多。

（4）反馈。沃尔瑟（Walther）将反馈解释为行为确认，这是合作伙伴施加的互惠影响。在传播理论中，我们将此称为自我实现的预言。这个预言本质上是个人对目标人的期望引起该人反应的趋势，它反过来又证实了最初的预测。沃尔瑟（Walther）的超人际观点以这种方式承认反馈系统："当接收者收到自我呈现的信息并将其来源理想化时，该个人可能会以一种回馈和加强部分修改的角色的方式做出回应，复制、增强并可能夸大它们。"由于在线环境中的提示是有限的，因此确实发生的反馈通常被夸大或放大。

这四个组成部分——信息发送者、信息接收者、通道和反馈表明超人际观点是一个持续和动态的过程。沃尔瑟（Walther）总结说，超人际理论是一个"过程"理论，因为信息和人际意义都是随着时间的推移而积累的，为在线伙伴交流提供了建立良好关系的机会。

1.5 社交媒体中非语言表现形式

在社交媒体中，人们使用的非语言成分表现形式多样，其中使用最广泛的是表情符号，它主要是通过字符或图片来模拟面对面交流中的非语言信息，如表情脸谱、姿态动作。其次是网络副语言，即在言语中插

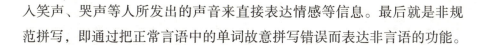

入笑声、哭声等人所发出的声音来直接表达情感等信息。最后就是非规范拼写，即通过把正常言语中的单词故意拼写错误而表达非言语的功能。

1.5.1　表情符号

表情符号用来生动呈现和描摹日常面对面交际中的非言语信息，使双方如闻其声，如见其人。它是社交媒体中非语言成分最主要的组成部分。表情符号的发展经历了多个阶段：字符表情符号（emoticon）、图片表情符号（emoji）、视频表情符号。

1. 字符表情符号

字符表情符号主要是通过对键盘上的各种符号、数字、字母进行组合，模拟各种既形象又抽象化的表情脸谱。如前所述，第一个在互联网上出现的微笑表情符是由卡内基梅隆大学的斯科特·法尔曼教授创造出来的，由于那时的互联网只能提供纯文字的交流方式，在线用户无法判断哪些文字是玩笑，哪些文字是表示反对意图等，因此法尔曼教授提出用 ":-)" 表示微笑，用 ":-(" 表示不悦。后来这类符号逐步流行，用户创造出了更多的字符表情符号。目前字符表情符号包括 ASCII 字符和颜文字两种类型。

（1）ASCII 字符。美国信息交换标准代码（American Standard Code for Information Interchange，ASCII）是以拉丁字母为基础的字符编码系统。通过对键盘上的 ASCII 字符，如英文字母、数字、标点等进行组合模拟出人的各种面部表情。例如，":-D" 表示张嘴大笑，":-(" 表示不开心、不高兴，"(T_T)" 表示哭泣。ASCII 字符一般需要从左往右读，它需要用户在键盘上依次敲击，能表达简单形象的表情效果，但无法表达更为复杂的情绪。表 1-1 列出了常用的 ASCII 字符表情符。

表1-1　常用的ASCII 字符表情符

表　情	含　义	表　情	含　义
:-D	开心	:-(	不悦
:-P	吐舌头	:-*	亲吻
:-)	眨眼	:-x	闭嘴
<※	花束	:-O	惊讶
$_$	见钱眼开	@_@	困惑
>_<	抓狂	（T_T）	哭泣

（2）颜文字。颜文字起源于日本，也是利用键盘进行制作的。相较于 ASCII 字符来说，颜文字更多利用软键盘进行组合。除了利用数字、英文字母、标点字符等，颜文字还利用日文假名，更是吸收了大量其他国家的文字。比如，"（っ´▽`）っ"表示抱抱，"ヽ（*´∀`*）ノ"表示高兴、欢乐。表 1-2 给出了几个常用的颜文字表情符。

表1-2　常用的颜文字表情符

表　情	含　义	表　情	含　义
（っ´▽`）っ	抱抱	w（°Д°）w	啊啊
（っ^///^）っ	害羞的抱抱	（ノへ￣、）	擦眼泪
。:.°ヽ（*´∀`）ノ°.:。	撒花	（￣_,￣ ）	不屑
（´▽`）ノ（´▽`）っ	喂	、（✿▽°）ノ	好耶
ヽ（*´∀`*）ノ	高兴、欢乐	(ૢ˃ꌂ˂)و ✧	棒
（~￣（OO）￣）ブ	笨	（づ￣3￣）づ❤~	亲

当颜文字传播开后，日本人发明了可以正面阅读的另一种颜文字，它多使用"*""^""–"等符号表示眼睛，"_""."""o"等符号放在中间代表口部，做出"^_^""*_*""^o^""^_~"之类的笑脸，也有在笑脸旁边加上别的符号作为修饰物，表现更为丰富的表情的，如"–_–|||"表示类似日本漫画中尴尬的面部，"–_–b"表示人物脸上滴下汗水等。日本人通常使用双字节的字符代码做颜文字，而这些字符代码也可在 ASCII 中找到。他们将这种表情符号称为"颜文字"（颜文字 / かおもじ），表示由文字组成的表情（颜）。

但由于文化与使用习惯的差异，不同国家或地区使用颜文字的方法有所不同。例如，在西方，颜文字大多是由左到右看的，并且需要顺时针旋转 90 度才能看到。因此，西方最常用的颜文字都是左边为眼睛，中间为鼻子，而右边则为嘴巴。通常情况下，冒号会被用来表示眼睛，除非该表情是在眨眼。在这个情况下，分号就会被用来表示眼睛。然而，等号、"8"和大写字母 B 都能代表其他种类的眼睛，如"8"能代表戴着眼镜的人。另外，人们有时候会用大括号"{"代表胡子，并且会放在嘴巴"（"或"）"上。

2. 图片表情符号

随着计算机软件技术的发展，一些社交媒体软件公司推出了以卡通形象为表情载体的系列表情图片、表情动画。相比于键盘符号，丰富多彩的图形图画表情符形象直观，更利于展示交流者的表情，它们的出现更好地弥补了文字或字符表情符在传递情感上的局限，很受网友欢迎。

当前使用最广泛的图片表情是 emoji，其来源于日本的绘文字，由栗田穰崇创作并在日本广泛流传，在被苹果公司植入 iOS 输入法后迅速风靡世界，之后也被应用至安卓系统之中。我国的腾讯 QQ、微信、微博等社交软件也陆续将 emojis 植入其中。图 1–2、图 1–3、图 1–4 分别给出不同社交软件内置的 emojis 表情符。

图 1-2　QQ 表情符

图 1-3　微信表情符

图 1-4　微博表情符

图片表情符包括静态图片、动态图片。前者通常为 JPG 或 PNG 格式，后者多为 GIF 格式。动态表情符号一般采用固定镜头来呈现，不存在镜头及场面调度的变化，画面的动感主要通过角色自身的动作来表现。这类动态表情符相对比较简单。

3. 视频表情符号

复杂的动态画面场景，很难用图片来体现，自然产生了视频化的表情符号。这类表情符号有了场景的切换和摄像机镜头的表现，使其情节性增强，如兔斯基动态表情符号通过多帧画面中镜头焦距的变化和场景切换，使一个简单的动态表情带有了动画短片的效果。这类表情符号在动画创作上需要相对专业的技能，更为简单的做法是将视频短片改编成表情符号。这类表情符号的时效性比较强，但使用周期往往比较短。

表情符号的视频化也使网络语言更加"多媒体化"，网络在线交流越来越像一场多媒体"剧演"。话语的使用者也是话语的生产者，同时是观看者。一次网络聊天就像一场自编自导自看的"演出"，身在其中的交流者在自我建构的"舞台"上不是越来越开放，而是越来越封闭。

1.5.2　网络副语言

副语言（Paralanguage），又称类语言或辅助性语言，是一种非文字语言的信息交流手段，它在人类交际中也起着重要的作用。按照美国心理学家阿尔伯特·梅拉比安（Albert Mehrabian）的统计，信息的总效果由 55% 的表情、38% 的声音和 7% 的词语构成。在面对面交际的过程中，社会意义的 38% 是由有声信号传递的，这种有声信号并非言语，而是伴随言语的副语言行为，如音量、语气等，人们所用的词只能传递 7% 的情感，副语言特征始终贯穿于言语交际的始末，具有特殊的交际功能。广义的副语言包括除文字语言之外的所有其他成分。狭义的副语言指有声副语言，它包括两大类：一是有语音载体且有表意功能的"声音伴随现象"，指的是音量、语调、音质、音高、发音清晰度等；二是无语音载体但有表意功能的"语空现象",指的是在言语中加入的停顿、语速以及哭声、笑声、咳嗽声、打哈欠声等人口中发出的声音。本节讨论的副语言指狭义的副语言。

各类副语言因素附着在语言的声音形式上,辅助语言的表达。但在网络交际中,语言主要是以文字的形式传播,脱离了语言的声音形式,这些副语言因素就无所依附,在网络交际中就无法发挥作用。于是人们利用想象来实现抽象的声音形式向具体形象的转化,通过一些特殊符号、字母、数字来模拟日常的副语言。例如,"啊~~~":通过具体形象的波浪线描绘声音的波动起伏;"这个嘛————":破折号的延长使人联想到声音的延长;"我 不 想 去!":通过字与字之间的空间隔离使人联想到音节之间的停顿;"因为。。。因为。。。":通过几个句号连接的断续使人联想到声音的断续;"5555~~~~":用数字谐音表示哭声;"Zzzzz~~~~":用符号把打呼噜的声音形象化,这是源于漫画中的创造。

1.5.3 非规范拼写

社交媒体如微博、微信等快速传播的特性决定了它们的文本不同于其他规范文本,如新闻、博客等。其主要表现为句子简短、单句多、口语化严重。它的这些表现形式,使其含有大量非规范性的语言文字,这也是社交媒体语言的一个重要特点。这种非规范性文字的出现可能是由于以下几个方面的原因:一方面是非人为的原因造成的输入失误或常识上的汉字书写错误,如在使用拼音输入法时按拼音打出来而出错的,而这种错别字是与正确字词同音的;方言俚语输入时由于找不到对应的汉字,直接采用拼音相同的汉字表示。另一个最重要的方面是纯规范文本通常不具备社交属性。用户为了表达某种情绪或追求娱乐性,会人为地加入一些噪声、非规范词、非规范符号和非规范语言格式,从而使文本具有交际功能。社交媒体非规范用词主要表现在如下几个方面。

1.大量使用方言字词

社交媒体平台通常是一个开放性的社会交际工具。其用户遍布世界各地，不同民族、不同地区有着不同的语言使用习惯，这就造成了人们大量使用方言俚语的情况。另外，方言字词通常在普通话中找不到相对应的规范的字词，因此选择与其音同或音似的字词来代替，或有的用字母来表示。例如，广州话"琴日石家庄真系好冻"，根据方言的读音，"昨日"写成"琴日"，"是"写成"系"。

2.大量使用错别字

错别字在社交媒体文本中使用非常普遍，一部分错别字是为了追求快速、节约时间，在使用拼音输入法时按拼音打出来，或因打错拼音或因选错候选汉字而出错，而这种错别字通常与正确的字词是同音的。而另一些错别字是用户为追求娱乐性或表达某种情绪故意打错的。这些错别字已经成为社交媒体语言中的固定用法，如"海龟"和"海归"，"童鞋"和"同学"，"稀饭"和"喜欢"等；或者直接采用汉字拼音缩写，如"老婆"写成"LP"。

3.借用汉字音译的外文词

社交媒体经常把外国语言的词汇以汉字或拼音缩写的形式表示出来。例如，"三克油""思密达""粉丝"等音译词，这些词丰富了汉语的词汇，已成为较为固定的用法。

社交媒体的非规范文本产生了意想不到的效果，能产生一定的社交功能。下面给出了几个典型的社交媒体非规范文本的例子：

（1）今天天气好好哦，所以 LULU 的心情也灰常灰常滴晴朗。

（2）看完之后想说，鸡毛秀真是丧心病狂！

（3）清理一些围脖腊鸡，心情大好！

（4）美眉，你好，在哪儿?

从上面的例子可以看出，社交媒体文本包含了大量的非规范词，如例子（1）中不规范的用词有灰常——非常、滴——的；例子（2）中不规范的用词有丧心病狂——干得漂亮；例子（3）中不规范的用词有围脖——微博、腊鸡——垃圾；例子（4）中不规范的用词有美眉——美女。

显然，由于非规范词的使用，这些社交媒体文本具有更丰富的社交属性，如在例子（1）中"灰常灰常滴"展示了一个天真可爱、心情放松的博主的形象；例子（2）采用夸张的手法来形容这场鸡毛秀是真的漂亮；例子（3）通过谐音"围脖腊鸡"，进一步表现博主愉悦的好心情；例子（4）中"美眉"的使用瞬间拉近了交流者之间的距离。

虽然社交媒体中非规范词不同于表情符号、网络副语言等显式的形式，但这种用法主要是基于社交目的而产生的，使原始的文本具有了社交属性。基于此，我们认为这种非规范文本也是社交媒体中非语言成分的重要组成部分。

然而，大量非规范词的使用，使计算机理解社交媒体语言变得更加困难，因此如何规范社交媒体文本是计算机处理社交媒体语言的一个关键问题。本书将在第三部分对此做详细的讨论。

1.6　本章小结

本章对社交媒体非语言成分做了简要概述，社交媒体的三个主流非语言成分理论解决了以文本为基础的 CMC 的情感表达受限的问题。形式多样的非语言成分丰富了在线社交媒体的表现能力。在三类非语言表现形式中，表情符使用最为广泛；非规范拼写使计算机理解社交媒体变得更为困难。基于此，本书将主要研究表情符与非规范拼写两类非语言成分。对于表情符，主要研究它与文本的情感交互；对于非规范拼写，主要研究如何规范社交媒体文本。

第 2 章　非语言成分研究现状

非语言成分作为社交媒体文本中的重要组成部分，受到越来越多研究者的关注。本章将系统介绍非语言成分在社会传播学领域、语言学领域及信息处理领域等的研究成果。

2.1　社会传播学领域

在社会传播学领域，研究者主要关心非语言成分是如何在社交媒体中影响交流的，即传达情感及影响人际关系，不同个体、文化背景下用户使用非语言成分的差异性等。下面简要介绍相关的一些研究成果。

2.1.1　人际交流

非语言成分弥补了 CMC 中文字在表意及情感表达方面的不足，特别是由于表情符的使用，用户能有效地传达所要表达的情感或情绪，进而促进人际交流。

表情符号可以表达或增强对话中的情感或情绪。[①] 耶格（Jaeger）和阿雷斯（Ares）分析了 33 个面部表情符号所表达的情感属性，发现大多数表情符号都包含一种或多种情感含义。[②] 表情符号丰富的情感有助于

① GÜLŞEN T T. You Tell Me in Emojis[M]//OGATA T, AKIMOTO T. *Computational and Cognitive Approaches to Narratology. Hershey*, PA: IGI Global, 2016: 354−375.

② JAEGER S R, ARES G. Dominant Meanings of Facial Emoji: Insights from Chinese Consumers and Comparison with Meanings from Internet Resources[J]. *Food Quality & Preference*, 2017, 62: 275−283.

研究者分析用户的情绪、开发表情符号情感词典等。克拉尔吉·诺瓦克（Kralj Novak）等人将表情符号划分为积极、中性和消极三类，他们发现大多数表情符号表达积极情绪。① 类似的研究也发现，用户在正面消息中比在负面消息中使用更多的表情符号。在表达情感方面，赫林（Herring）和戴纳斯（Dainas）发现无论是面部或非面部表情符号都表现出很强的情感表达能力，但面部表情符号优于非面部表情符号。② 使用非面部表情符号可以带来积极的情绪，尤其是快乐，但它不能改变信息的效价。洛佩兹（López）和卡普（Cap）使用不同表情符号组合研究情绪如何变化，发现表情符号的不同组合可以极大地丰富情感表达的含义。③ 例如，将青蛙表情符号或热饮表情符号与其他表情符号组合时，会出现微妙但可观察到的情绪变化。在表情符词典构建方面，由于人工标注的主观性，一些研究人员提出了表情符号词典的自动构建。费尔南德斯－加维拉内斯（Fernandez-Gavilanes）等人根据 Emojipedia 中的官方定义自动构建了一个 emoji 词典。④

此外，非语言成分在交流者之间的关系维持下保持着重要作用。非语言成分能帮助形成发布者的性情和观点。例如，康斯坦丁（Constantin）等人在对聊天室版主的研究中发现，经常使用表情符的版主比那些不

① KRALJ NOVAK P, SMAILOVIĆ J, SLUBAN B, et al. Sentiment of Emojis[J]. *PLoS One*, 2015,10(12) :e0144296.

② HERRING S C, DAINAS A R. Receiver Interpretations of Emoji Functions: A Gender Perspective[C]//WIJERATNE S, KICIMAN E, SAGGION H, et al. *Proceedings of the 1st International Workshop on Emoji Understanding and Applications in Social Media (Emoji2018)*. Stanford, CA: CEUR-WS, 2018: 1-8.

③ LÓPEZ R P, CAP F. Did You Ever Read About Frogs Drinking Coffee? Investigating the Compositionality of Multi-Emoji Expressions[C]// *Proceedings of the 8th Workshop on Computational Approaches to Subjectivity, Sentiment and Social Media Analysis*. Copenhagen: ACL, 2017: 113-117..

④ FERNÁNDEZ-GAVILANES M, JUNCAL-MARTÍNEZ J, GARCÍA-MÉNDEZ S, et al. Creating Emoji Lexica from Unsupervised Sentiment Analysis of Their Descriptions[J]. *Expert Systems with Applications*, 2018, 103(aug.):74-91.

常使用表情符的版主能使人觉得他更活跃、更友好、更健谈及交流更有价值。①

2.1.2　个体差异性

首先，非语言成分的使用极易受到使用者个体特征，如性别、年龄、文化程度等方面的影响。研究表明，非语言成分的使用存在性别差异。虽然男性和女性对表情符的理解相似，但女性使用表情符号的频率和积极性更高，而男性使用的表情符号类型更多。威特默（Witmer）和卡茨曼（Katzman）从在线社交媒体中统计发现，女性通常使用更多的非语言成分，特别是表情符号。② 赫林（Herring）的研究报告指出，在即时聊天中，女性使用微笑表情符号的数量是男性的三倍。③ 而沃尔夫（Wolf）的研究认为，男性更频繁地使用表情符号来表达讽刺。④ 在对表情符号的认知方面，女性认为表情符号更熟悉、更清晰、更有意义。男性用户更喜欢使用相同的表情符号来增强情感表达。当男性和女性使用相同的表情符号时，接收者会感受到不同的情绪。发送饱含深情表情符号的消息的女性被认为比男性更合适和更有吸引力，而当男性发送带有较少深情但友好的表情符号的消息时，他们被认为比女性更合适和更有吸引力。

---

① CONSTANTIN C, KALYANARAMAN S, STAVROSITU C, et al. Impression Formation Effects in Moderated Chatrooms: An Experimental Study of Gender Differences[C]// *Proceedings of the 88th Annual Meeting of the National Communication Association*. New Orleans, LA, 2002: 1-8.

② WITMER D F, KATZMAN S L. On-Line Smiles: Does Gender Make a Difference in the Use of Graphic Accents?[J]. *Journal of Computer-Mediated Communication*, 1997, 2(4): JCMC244.

③ HERRING S C. Gender and Power in Online Communication[M]//HOLMES J, MEYERHOFF M. *The Handbook of Language and Gender*. Oxford: Blackwell, 2003: 202-228.

④ WOLF A. Emotional Expression Online: Gender Differences in Emoticon Use[J]. *CyberPsychology & Behavior*, 2000, 3(5):827-833.

其次，非语言成分的使用也受到个体心理差异的影响。研究表明，Facebook 用户使用表情符号的频率与他们的外向性和自我监控特质呈正相关，而积极的表情符号使用与用户的悲伤情绪呈负相关。基于表情符号的人格测试表明，表情符号和自己的相似度得分与人格特质中的情绪稳定性、性格外向性相关，但与责任心和开放性无关。[1][2][3] 具体来说，负向表情符号与情绪稳定性呈负相关，而正向表情符号与外向性呈正相关。此外，与脸红相关的表情符号（例如，😳）与宜人性呈正相关。

随着人们越来越热衷于使用非语言成分，特别是表达丰富的表情符号，一些表情符号论坛应运而生。在论坛中，人们相互交流，探讨表情符号的各种用途和含义。随着表达个性多样性的需求增加，人们不再满足于使用系统中现有的表情符号，而是开始创造自己的表情，为表情符号添加更多的个人特征。例如，🤠 🏌️。这些是人们重新组合现有表情符号后创建的新符号。巴伦（Baron）在研究私人即时消息语料库时也发现，女性制作了绝大多数表情符号。[4]

2.1.3　文化差异

非语言成分的使用也受文化背景、生活环境、语言以及群组等多种因素的影响。文化差异对非语言成分的使用有着重大影响。我们知道，表情符号的一些特定用途与文化背景密切相关。例如，芬兰、印度和巴

① SETTANNI M, MARENGO D. Sharing Feelings Online: Studying Emotional Well-Being via Automated Text Analysis of Facebook Posts[J]. *Frontiers in Psychology*, 2015, 6:1045.

② HALL J A, PENNINGTON N. Self-Monitoring, Honesty, and Cue Use on Facebook: The Relationship with User Extraversion and Conscientiousness[J]. *Computers in Human Behavior*, 2013, 29(4):1556-1564.

③ LI M, CH'NG E, CHONG A Y L, et al. Multi-class Twitter Sentiment Classification with Emojis[J]. *Industrial Management & Data Systems*, 2018, 18(9):1804-1820.

④ BARON N S. See You Online: Gender Issues in College Student Use of Instant Messaging[J]. *Journal of Language & Social Psychology*, 2004, 23(4):397-423.

基斯坦用户会使用具有本国文化习俗背景的表情符号。基于遵循霍夫斯泰德的文化维度模型，发现具有高权力差距的国家的人们更多地使用代表消极情绪的表情符，而开放自由的社会的人们则更多地使用代表积极情绪的表情符。研究还发现，中国香港人和美国人在餐厅评论网站上使用表情符号明显不同，这可能反映了潜在的文化差异。[①] 卡内科（Kaneko）等人开发了一个 EmojiGrid 用于与食物相关的情绪的跨文化研究，它可靠地反映了表情符号使用的文化差异。[②] 这种差异不仅在国家之间很明显，同一国家不同地区或族群对表情符的使用也有明显差异。

　　表情符号的使用也在一定程度上受到一系列国家发展指标（包括预期寿命、税率、贸易和人均 GDP）的影响。使用 K-Means 聚类算法的一系列研究发现，在"第一世界"集群（此处定义为北美、西欧、俄罗斯和澳大利亚）中，使用表情符号的最显著特征是缺乏情感；而在"第二世界"集群（覆盖南美大部分地区、东欧、印度、中国、摩洛哥、阿尔及利亚和突尼斯）中，表情符号的使用更加具体、情感清晰；"第三世界"集群（安哥拉、尼日利亚、苏丹、约旦、沙特阿拉伯、也门、巴基斯坦、尼泊尔和菲律宾）使用平衡的正面和负面表情符号；"第四世界"集群（由某些非洲国家组成）主要使用负面表情符号。[③]

　　特定的语言环境也会影响表情符号的使用。表情符号在跨语言交流中表现出高度的上下文敏感性，这意味着它们极度依赖于他们的语言和文本环境。例如，研究表明，英国和美国在表情符号的使用上有很强的

① CHIK A，VÁSQUEZ C. A Comparative Multimodal Analysis of Restaurant Reviews from Two Geographical Contexts[J]. *Visual Communication*, 2017, 16(1):3–26.

② KANEKO D, TOET A, USHIAMA S, et al. EmojiGrid: A 2D Pictorial Scale for Cross-Cultural Emotion Assessment of Negatively and Positively Valenced Food[J]. *Food Research International*, 2019, 115(JAN.):541–551.

③ LJUBEŠIĆ N, FIŠER D. A Global Analysis of Emoji Usage[C]//COOK P, EVERT S, SCHÄFER R, et al. *Proceedings of the 10th Web as Corpus Workshop*. Berlin: ACL, 2016: 82–89.

相似性，因为他们都说英语，但是当与意大利语和西班牙语等其他语言进行比较时，相似性就会降低。

特定文化群体对表情符号的使用也存在差异。这方面的一个例子是中国南方农村和小镇的一些成年人开发的一种特殊的移动通信方式，创造性地平衡了表情符号、贴纸和文本的使用。研究还表明，日本青少年找到了使用表情符号的创新方式，以管理他们的关系并以亚文化特定的方式审美地表达自己。[①] Emoji 的使用也与人际关系有关。人与人之间的对话越礼貌、越疏远，表情符号就会变得越抽象、越几何化和越静态。相反，在参与者对特定主题更同情、更友善和更亲密的群体中则使用更具体和生动的表情符号。

2.2　语言学领域

语言学领域主要研究包括非语言成分的语义表示及语用分析。大多数研究假设非语言成分特别是表情符表达了说话者的情感，因此非语言成分与语言成分被看作两个独立的信息通道。对这一语言学假设，一些学者提出了不同的见解。巴伦（Baron）等人提出，类似于单词，表情符的含义并不是固定的，它们在不同的上下文中有不同的含义。[②] 德雷斯纳（Dresner）和赫林（Herring）认为将表情符仅看作表达情感的符号是错误的，他们认为表情符的含义是语用方面的：表情符隐含有它所对应的文本表达的"言外之意"。

---

① SUGIYAMA S. Kawaii Meiru and Maroyaka Neko: Mobile Emoji for Relationship Maintenance and Aesthetic Expressions among Japanese Teens[J]. *First Monday*, 2015, 20(10): 5826.

② BARON B, MOULLAN F, DERUELLE F, et al. The Role of Emotions on Pacing Strategies and Performance in Middle and Long Duration Sport Events[J]. *British Journal of Sports Medicine*, 2011, 45(6):511−517.

2.2.1　语义功能

非语言成分除了表达情感，还被用来在社交媒体的交流中传达语义。纳阿曼（Na'aman）等人提出表情符是具有一定含义或功能的单词或词组，因此可用 NLP 工具对它们进行直接的解析。[①] 一些研究表明，随着社交媒体的快速发展，非语言成分已经逐步演化为一种独立的语言，特别是表情符号，它们具有显式的语义功能和视觉修辞功能。吉布里尔（Jibril）和阿卜杜拉（Abdullah）的研究表明，表情符号不仅可用作副语言元素，而且具有独特意义功能的词素，可被用于独立地表达意思，甚至不同表情符号的组合可以表达更复杂的语义。[②] 艾（Ai）等人采用表示学习技术把单词与表情符投影到同一语义空间，发现表情符比文本单词的语义更丰富。[③] 巴比里（Barbieri）等人研究了不同语言中的表情符语义，他们发现，虽然少数表情符由于文化习俗不同而有不同的含义，但大多数表情符在不同语言中具有语义相似性。[④]

一些研究人员认为非语言成分特别是 emoji 可以在交流中独立使用。一个 emojis 序列能表达明确具体的含义，不同 emoji 组合表达不同的意思。肯德卡尔（Khandekar）等人开发了名为 Opico 的社交媒体应用程序，

① NA'AMAN N, PROVENZA H, MONTOYA O. Varying Linguistic Purposes of Emoji in (Twitter) Context[C]// ETTINGER A, GELLA S, LABEAU M, et al. *Proceedings of ACL 2017, Student Research Workshop*. Vancouver: ACL, 2017: 136−141.

② JIBRIL T A, ABDULLAH M H. Relevance of Emoticons in Computer−Mediated Communication Contexts: An Overview[J]. *Asian Social Science*, 2013, 9(4): 201.

③ AI W, LU X, LIU X, et al. Untangling Emoji Popularity Through Semantic Embeddings[C]//RUTHS D. *Proceedings of the Eleventh International AAAI Conference on Web and Social Media*. Montreal, QC: ICWSM 2017, 2017: 2−11.

④ BARBIERI F, KRUSZEWSKI G, RONZANO F, et al. How Cosmopolitan Are Emojis?: Exploring Emojis Usage and Meaning over Different Languages with Distributional Semantics[C]//HANJALIC A, SNOEK C, WORRING M. *Proceedings of the 2016 ACM Multimedia Conference*. New York: ACM, 2016: 531−535.

探索"emoji-first"交流的可能性。① 实验证明，emoji 可以在交流中独立使用，而不需要任何文本。然而，另一些研究人员认为表情符号不能作为一种独立的语言使用。李（Lee）等人研究了表情符号与汉字部首的关系，他们将 214 个《康熙字典》中文部首与 Unicode 12.0 集中的 3 019 个表情符号进行比较，通过对二者之间语义差距进行比较，发现 72.4% 的中文部首都有具体对应的表情符号。② 阿尔申克蒂（Alshenqeeti）认为表情符号本质上是一种视觉副语言。③ 周（Zhou）等人认为表情符号往往与文本相关，很少单独使用。④ Emoji 需要与文本融为一体才能形成完整的含义。丹尼尔（Daniel）和坎普（Camp）认为只有表情符与文本结合使用才有助于增强文本的清晰度和可信度。⑤ 多纳托（Donato）和帕吉奥（Paggio）通过对大多数社交平台的研究发现用户倾向于使用表情符号作为文本的补充。⑥ 他们的研究进一步表明表情符号是一种副语言。

表情符号的含义因特定上下文不同，而具有多义性。表情符语义的

① KHANDEKAR S, HIGG J, BIAN Y, et al. Opico: A Study of Emoji-first Communication in a Mobile Social App[C]//LIU L, WHITE R. *Companion Proceedings of the 2019 World Wide Web Conference*. New York: ACM, 2019: 450-458.

② LEE J, LI J, AN X M. Hanmoji: What Chinese Characters and Emoji Reveal About Each Other[C]//LIU L, WHITE R. *Companion Proceedings of the 2019 World Wide Web Conference*. New York: ACM, 2019: 459-460.

③ ALSHENQEETI H. Are Emojis Creating a New or Old Visual Language for New Generations? A Socio-semiotic Study[J]. *Advances in Language & Literary Studies*, 2016, 7(6):56-69.

④ ZHOU R, HENTSCHEL J, KUMAR N. Goodbye Text, Hello Emoji: Mobile Communication on WeChat in China[C]//MARK G, FUSSELL S. *Proceedings of the 2017 CHI Conference on Human Factors in Computing Systems*. New York: ACM, 2017: 748-759.

⑤ DANIEL T A, CAMP A L. Emojis Affect Processing Fluency on Social Media[J]. *Psychology of Popular Media Culture*, 2020, 9(2): 208-213.

⑥ DONATO G, PAGGIO P. Investigating Redundancy in Emoji Use: Study on a Twitter Based Corpus[C]//BALAHUR A, MOHAMMAD S M, VAN DER GOOT E. *Proceedings of the 8th Workshop on Computational Approaches to Subjectivity, Sentiment and Social Media Analysis*. Copenhagen: ACL, 2017: 118-126.

多样性和解释的灵活性可能会导致使用它们时产生歧义。因此，很多研究都集中在 emoji 的词义消歧任务上。维杰拉特纳（Wijeratne）等人开发了一种 EmojiNet，它结合表情符号和文本来消除歧义。① 巴比里（Barbieri）等人通过改进 Skip-gram 模型，分析了推特上 emoji 的语义，并根据语义相似性对其进行了分类。②

2.2.2　语义表示

非语言成分虽然不是纯文本，但它也是有含义的，即存在语义的。其含义因特定上下文而变化，具有多义性和歧义性。因此如何表示非语言成分的语义是研究非语言成分的一个重要问题。相关研究学者提出各种表达非语言成分的语义表示方法。维杰拉特纳（Wijeratne）等人构建了一个表情符语义词典，该词典类似于传统的文本单词词典。③ 每个表情符相当于一个单词，由语义及例子构成。图 2-1 给出了表情符语义词典的例子，图中一个表情符有多个语义，左边的表情符包含三个语义：laugh（大笑）、happy（高兴）、funny（有趣）。

①　WIJERATNE S, BALASURIYA L, SHETH A, et al. A Semantics-based Measure of Emoji Similarity[C]//SHETH A. *Proceedings of the 2017 IEEE/WIC/ACM International Conference on Web Intelligence*. New York: ACM, 2017: 646-653.

②　BARBIERI F, RONZANO F, SAGGION H. What Does This Emoji Mean? A Vector Space Skip-gram Model for Twitter Emojis[C]//CALZOLARI N. *Proceedings of LREC 2016, the Tenth International Conference on Language Resources and Evaluation*. Portorož, Slovenia: ELRA, 2016: 3967-3972.

③　WIJERATNE S, BALASURIYA L, SHETH A, et al. EmojiNet: Building a Machine Readable Sense Inventory for Emoji[M]// SPIRO E, AHN Y Y. *SocInfo 2016. Lecture Notes in Computer Science (10046)*. Cham: Springer International Publishing, 2016: 527-541.

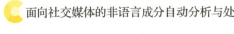

Sense	Example	Sense	Example
Laugh (noun)	I can't stop laughing 😂	Costly (adjective)	Can't buy class la 💰
Happy (noun)	Got all A's but 1 😂😃	Work hard (noun)	Up early on the grind 💰
Funny (adjective)	Central Intelligence was damn hilarious! 😂	Money (noun)	Earn money when one register /w ur link 💰

图 2-1　表情符语义词典例子截图

在情感分析领域，克拉尔吉·诺瓦克（Kralj Novak）等人采用情感分布来表示每个表情符，例子见图 2-2。[①]

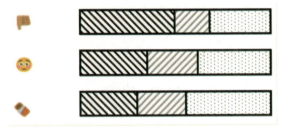

左边方框代表负性情感，中间方框代表中性情感，右边方框代表正性情感。方框的宽度表示情感的强度。

图 2-2　表情符情感分布图

最近，自然语言处理技术也被用来学习非语言成分的表示。例如，利用共现单词做元素的向量表示，采用概率语言模型、深度学习模型的低维实向量表示。[②][③] 这类表示有助于非语言成分的信息化处理。艾斯纳

① KRALJ NOVAK P, SMAILOVIĆ J, SLUBAN B, et al. Sentiment of Emojis[J]. *PLoS One*, 2015, 10(12): e0144296.

② EISNER B, ROCKTÄSCHEL T, AUGENSTEIN I, et al. Emoji2vec: Learning Emoji Representations from Their Description[C]//KU L, HSU J Y, LI C. *Proceedings of The Fourth International Workshop on Natural Language Processing for Social Media*. Austin, TX: ACL, 2016: 48-54.

③ BARBIERI F, RONZANO F, SAGGION H. What Does This Emoji Mean? A Vector Space Skip-gram Model for Twitter Emojis[C]//CALZOLARI N. *Proceedings of LREC 2016, the Tenth International Conference on Language Resources and Evaluation*. Portorož, Slovenia: ELRA, 2016: 3967-3972.

（Eisner）等人收集了 Unicode 标准表情符数据集每个表情符的描述文本，采用 Word2Vec 预训练方法，训练出每个表情符的嵌入表示，图 2-3 给出一个表情符嵌入表示的二维向量表示可视化。① 他们的实验结果显示，表情符向量空间嵌入能有效表达表情符之间的语义关系，对文本消歧、情感分析有重要作用。此外，EmojiNet 提供了一个意义清单来区分表情符的不同意义，利用网络抓取表情符定义并将它们与来自词汇资源的词义以及上下文词的向量表示联系起来。②

图 2-3　表情符嵌入表示的二维向量表示可视化

---

① EISNER B, ROCKTÄSCHEL T, AUGENSTEIN I, et al. Emoji2vec: Learning Emoji Representations from Their Description[C]//KU L, HSU J Y, LI C. *Proceedings of The Fourth International Workshop on Natural Language Processing for Social Media*. Austin, TX: ACL, 2016: 48-54.

② WIJERATNE S, BALASURIYA L, SHETH A, et al. EmojiNet: An Open Service and API for Emoji Sense Discovery[C]//RUTHS D. *Proceedings of the Eleventh International AAAI Conference on Web and Social Media*. Montreal, QC: ICWSM 2017, 2017: 437-446.

2.3　信息处理领域

非语言成分在信息处理中起着重要作用。它通常被当作一个重要线索运用于社媒分析任务中，如情感分析、反讽检测、对话系统及突发事件检测等。如何使用非语言成分是社交媒体语言信息处理的重要问题之一。当前社媒分析模型采用三类策略来使用非语言成分。

第一类策略：将非语言成分看作一种自然标注。该策略假设基于非语言成分独立地表达了用户的情感和观点。因此，社交媒体中的非语言成分特别是表情符是一种天然的标注，可极大地扩充训练语料，解决人工标注语料不足的问题，其模型框架如图2-4所示。

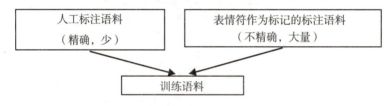

图2-4　将非语言成分看作一种标注构建训练语料

第二类策略：将非语言成分作为特征融入分析模型中。这种策略将非语言成分与语言成分看作独立的两部分，它们之间没有交互关系，如图2-5所示。

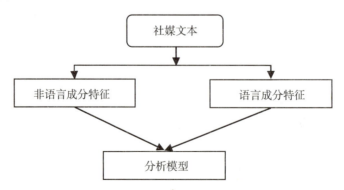

图2-5　非语言成分作为特征融入分析模型中

第三类策略：将非语言成分和语言成分看作两个并列的信息源。该策略假设同样是基于非语言成分独立地表达了用户的情感和观点。该策略认为非语言成分与语言成分在信息表达上具有相同的作用，因此在该策略下，首先对非语言成分和语言成分分别建模，然后将两个模型的输出结果组合成为整个实例的输出，如图 2-6 所示。

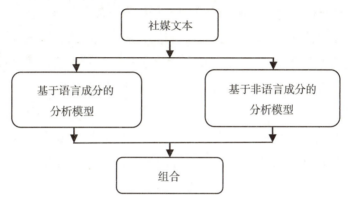

图 2-6　将非语言成分和语言成分看作两个并列的信息源

下面从情感分析、反讽检测、突发事件检测及对话系统四个方面介绍非语言成分在信息处理领域中的应用。

2.3.1　情感分析

情感分析是对带有情感色彩的主观性文本进行分析、处理、归纳和推理的过程。例如，对电影的评论、对产品的评价。情感分析有助于客观评价产品。在社交媒体中，非语言成分的主要作用是表达情感，因此非语言成分被加入情感分析模型中。

大多数研究将非语言成分作为社交媒体的特征，甚至看作标注特征。达维多夫（Davidov）等人利用 15 个常用表情字符的情感极性以自动获得大量有标注的推特文本，以训练情感分析模型，实验结果显示了有效性。①

---

① DAVIDOV D, TSUR O, RAPPOPORT A. Enhanced Sentiment Learning Using Twitter Hashtags and Smileys[C]//JOSHI A K. *Proceedings of the 23rd International Conference on Computational Linguistics: Posters*. Beijing: COLING, 2010: 241-249.

苟（Go）等人提出基于距离监督的情感分析算法。[1] 他们认为，语言成分特别是表情符号本质上表达发布者的感情，因此表情符，如 ":)" 和 ":("可以作为文本的情感的一种标注。他们利用这些标注，获得了大量的自动标注训练数据，解决了人工标注数据缺少的问题。然而，直接将表情符生成的标注当作训练语料，会存在大量的噪声数据。为了有效利用人工标注数据和表情符标注数据，刘（Liu）等人提出表情符平滑语言模型。[2] 他们首先用标注数据训练语言模型，然后利用表情符标注数据作平滑处理。其他工作还有基里琴科（Kiritchenko）等人利用表情符来构造情感词典。[3]赵（Zhao）等人将基于表情符的情感分析应用于中文微博。[4]

霍格隆（Hogenboom）等人按第三种策略提出一个情感分析框架。[5]他们将社交媒体分成非语言成分与语言成分两部分，然后分别采用不同的模型计算出非语言成分与语言成分的各自情感，再由两个情感组合得到最终的文本情感。

2.3.2　反讽检测

反讽作为一个重要的语言现象已被广泛地研究。反讽检测目标是判断一个社媒文本是否表达讽刺。研究显示，仅仅使用纯文本线索是很难

① GO A, BHAYANI R, HUANG L. Twitter Sentiment Classification Using Distant Supervision[R]. Stanford: Standford University, 2009.

② LIU K L, LI W J, GUO M. Emoticon Smoothed Language Models for Twitter Sentiment Analysis[C]//HOFFMANN J, SELMAN B. *Proceedings of the 26th AAAI Conference on Artificial Intelligence*. Toronto, Canada: AAAI Press, 2012: 1678-1684.

③ KIRITCHENKO S, ZHU X, MOHAMMAD S M. Sentiment Analysis of Short Informal Texts[J]. *Journal of Artificial Intelligence Research*, 2014, 50: 723-762.

④ ZHAO J, LI D, WU J, et al. MoodLens: An Emoticon-based Sentiment Analysis System for Chinese Tweets[C]//YANG Q. *Proceedings of the 18th ACM SIGKDD International Conference on Knowledge Discovery and Data Mining*. New York: ACM, 2012: 1528-1531.

⑤ HOGENBOOM A, BAL D, FRASINCAR F, et al. Exploiting Emoticons in Sentiment Analysis[C]//SHIN S Y, MALDONADO J C. *Proceedings of the 28th Annual ACM Symposium on Applied Computing*. Coimbra, Portugal: ACM, 2013: 703-710.

检测社交媒体的反讽信息的，而非语言线索，如表情符、拟声词、重复的标点符号、引号等在反讽和幽默表达中起着重要的作用。例如，一个眨眼表情符和一个正性情感文本组合一起，极大可能是表达了反讽。

当前，大多数研究主要将非语言成分作为上下文特征融入反讽检测模型中。乔希（Joshi）等人把字符表情符号（emoticon）作为反讽检测方法的主要特征用于英文推特反讽检测，实验结果显示了该特征的有效性。① 普塔塞克（Ptáček）等人认为，在捷克语推特文本反讽检测中，表情符显示了同样的作用。② 研究显示，随着表情符（emojis）在社交媒体的广泛使用，其在反讽表达中起着重要的作用。苏布拉马尼安（Subramanian）等人提出一个基于 emojis 的反讽检测模型，他们首先分析出文本与 emojis 的各自向量表示特征，然后把两类特征合并输入一个神经网络模型进行预测。③ 乔汉（Chauhan）等人把 emojis 特征融入多模态的反讽研究中，他们采用门机制把 emojis 作用于文本、图片、声音中，实验结果显示了 emojis 的重要性。④

① JOSHI A, SHARMA V, BHATTACHARYYA P. Harnessing Context Incongruity for Sarcasm Detection[C]//ZONG C, STRUBE M. *Proceedings of the 53rd Annual Meeting of the Association for Computational Linguistics and the 7th International Joint Conference on Natural Language Processing (Volume 2: Short Papers)*. Beijing: ACL, 2015: 757−762.

② PTÁČEK, T, HABERNAL I, HONG J. Sarcasm Detection on Czech and English Twitter[C]//TSUJII J, HAJIČ J. *Proceedings of COLING 2014, the 25th International Conference on Computational Linguistics: Technical Papers*. Dublin, Ireland: COLING, 2014: 213−223.

③ SUBRAMANIAN J, SRIDHARAN V, SHU K, et al. Exploiting Emojis for Sarcasm Detection[M]//THOMSON R, BISGIN H, DANCY C, et al. *Social, Cultural, and Behavioral Modeling. SBP-BRiMS 2019. Lecture Notes in Computer Science (11549)*. Cham: Springer International Publishing, 2019: 70−80.

④ CHAUHAN D S, SINGH G V, ARORA A, et al. An Emoji−aware Multitask Framework for Multimodal Sarcasm Detection[J]. *Knowledge-Based Systems*, 2022, 257(2): 109924.

2.3.3　突发事件检测

伴随着突发事件的发生，用户采用非语言成分如情感符号表达自己观点的博文比例会有明显增加，因而可以通过监测社媒数据流中情感符号的态势变化达到挖掘突发事件的目的。张鲁民等人针对微博数据流，提出了一种新颖的基于情感符号的在线突发事件检测算法框架。[①] 伴随着事件的发生，文本流中情感符号也存在突发现象。他们通过实时监测情感符号变化态势，及时发现情感符号的突发期，达到挖掘突发事件的目的。他们首先基于频繁模式挖掘和交互信息相结合的算法构建情感符号模型，然后通过此模型抽取数据流中的情感符号，采用改进 Kleinberg 算法检测突发期，通过启发式的近邻传播聚类算法检测突发事件并对事件进行合并。同时，算法设置了离线回收机制，对不含情感符号的博文进行回收利用以保证事件概要抽取的完备性。

2.3.4　对话系统

非语言成分也被广泛使用在对话系统中，有助于表达情感、维护人际关系等，使得谈话更加生动。研究非语言成分有助于开发富有情感的聊天机器人。谢（Xie）等人提出一个神经网络的表情符推荐系统，其目标是利用对话的上下文，为机器人推荐可能的表情符。[②]

2.4　非语言成分资源建设

非语言成分资源建设主要包括非语言成分词典建设及以任务为目标的资源建设。

---

① 张鲁民，贾焰，周斌，等．一种基于情感符号的在线突发事件检测方法 [J]. 计算机学报，2013, 36(8):1659–1667.

② XIE R, LIU Z, YAN R, et al. Neural Emoji Recommendation in Dialogue Systems[EB/OL]. (2016–12–04)[2022–04–10]. https://arxiv.org/pdf/1612.04609.

2.4.1　词典资源

当前非语言资源主要集中于表情符的词典建设上，主要包括情感词典和语义词典。

1.情感词典

在社交媒体中，表情符常用于表达情感，具有情感极性。在情感分析领域，情感极性通常被划分为正性、中性和负性三类。霍格隆（Hogenboom）等人依据这一分类标准构建了一个表情符号（emoticon）词典，表情符情感极性例子如表 2-1 所示，每一个表情符分配一个情感标记：正性、中性和负性。[①]

表2-1　表情符情感极性例子

类　别	例　子
正性	(^_^) (^。^) (^^)(^-^) (^ з ^0^)) ^o^ (
中性	(o; (';')
负性	# (-1 #- (-1 (°-°)

此外，许多研究显示表情符的情感极性并不是唯一的，它受上下文的影响。例如：

（1）语文考完了，我哭了😭

（2）妈妈的生日礼物😭

在例子（1）中，表情符传达的是负性情感，而在例子（2）中，表情符表达的是感动，传达的是正性情感。因此，把表情符分配唯一的情感标记是不合理的。为了表达情感多义性，研究人员常采用情感分布来

---

① HOGENBOOM A, BAL D, FRASINCAR F, et al. Exploiting Emoticons in Sentiment Analysis[C]//SHIN S Y, MALDONADO J C. *Proceedings of the 28th Annual ACM Symposium on Applied Computing*. Coimbra, Portugal: ACM, 2013: 703-710.

表示表情符的情感。克拉尔吉·诺瓦克（Kralj Novak）等人从情感分布的角度构建表情符（emojis）的情感分布词典，如表 2-2 所示。[①] 他们从推特上收集了 13 种语言共 100 多万帖子，并对每个帖子进行情感极性人工标注；然后，对每个表情符所包含的帖子的情感标签进行归一化统计，得到每个表情符的情感分布；再进一步把正性情感取正、负性情感取负，二者相加即可计算出它们的情感强度；最后，他们构建了一个包含 751 个最常见表情符号（emojis）的情感词典。

表 2-2 为使用频次最高的表情符情感分布及强度。

表2-2 使用频次最高的表情符情感分布及强度

表情符	负 性	中 性	正 性	情感强度
😂	0.25	0.29	0.47	0.22
❤	0.04	0.17	0.79	0.75
♥	0.04	0.27	0.69	0.66
😍	0.05	0.22	0.73	0.68
😭	0.44	0.22	0.34	−0.09

此外，研究人员认为表情符也是有情绪的，如喜、怒、哀和乐等。拉赫梅图利拉（Rakhmetullina）等人利用人工标注的社媒情绪数据，构建了 15 个常用表情符的情绪词典，如表 2-3 所示，这显示了表情符与 4 类情绪存在映射关系。[②] 肖伊布（Shoeb）和德梅洛（De Melo）采用人

① KRALJ NOVAK P, SMAILOVIĆ J, SLUBAN B, et al. Sentiment of Emojis[J]. *PLoS One*, 2015,10 (12) :e0144296.

② RAKHMETULLINA A, TRAUTMANN D, GROH G. Distant Supervision for Emotion Classification Task Using Emoji2emotion[C]//WIJERATNE S, KICIMAN E, SAGGION H, et al. *Proceedings of the 1st International Workshop on Emoji Understanding and Applications in Social Media (Emoji2018)*. Stanford, CA: CEUR−WS, 2018.

工评估了 1 200 例表情符与情绪对的相似关系，构建了较大规模的表情符情绪字典（EmoTag1200），如表 2-4 所示。①

表2-3　表情符与4类情绪的映射关系

emotion	emojis
anger	😤
joy	 😂❤️😍💕😊☺️😅😁🙏
sadness	 😭😔
surprise	😱

表2-4　表情符情绪字典——EmoTag1200

情　绪	高频表情符		其他常用表情符	
愤怒	😡	愤怒的脸	👺	日本妖精
	😤	�’嘴脸	👹	日本食人魔
	😤	鼻子冒气脸	🔪	小刀
期盼	👀	眼睛	🎆	烟花
	💭	思考的气球	🌠	流星
	💰	钱袋子	👰	戴面纱的人
厌恶	😖	困惑的脸	🐜	蚂蚁
	😒	保守的脸	👹	日本食人魔
	👎	不看好	😲	惊讶的脸
害怕	😨	恐惧的脸	🔪	小刀
	😱	恐惧地尖叫	👹	日本食人魔
	😰	焦虑的脸	👺	日本妖精
高兴	😊	微笑的面孔	🎂	生日蛋糕
	😁	咧着嘴笑眯眯的脸	🎊	五彩纸屑球
	😂	喜悦的泪水	🎁	带丝带的心

① SHOEB A A M, DE MELO G. EmoTag1200: Understanding the Association Between Emojis and Emotions[C]//WEBBER B, COHN T, HE Y, et al. *Proceedings of the 2020 Conference on Empirical Methods in Natural Language Processing (EMNLP)*. Online: ACL, 2020: 8957−8967.

续　表

情　绪	高频表情符		其他常用表情符	
悲伤		哭脸		小刀
		大哭脸		宝贝天使
		破碎的心		哭猫脸
惊奇	‼	双感叹号		张开嘴面对
	!	感叹号		晕脸
		恐惧地尖叫		疲倦的猫
信任		亲吻面带微笑的眼睛		教会
		两颗心		家庭
		玫瑰	⚓	锚

2. 语义词典

表情符和词语一样也是具有语义的。妮基·塞尔肯（Niki Selken）利用众包技术构建了一个表情符（emojis）语义词典。[①] 每个表情符由用户定义词义标签，包含单词解释及词性。然而它并不是机器可读的，维杰拉特纳（Wijeratne）等人整合网上已存在的表情符资源，构建了一个机器可读的表情符词典。[②]

2.4.2　以任务为目标的资源建设

其他的资源大多数是以社交媒体信息处理任务为目标所构建的资源，主要包括情感分析资源、反讽分析资源等，另外还有大量的粗文本资源。例如，SemEval 评测任务中的情感分析任务，它们只是标注了实例的情感，没有对非语言成分进行标注。

显然，当前的资源建设缺少专门针对非语言成分而建设的大规模语料，更没有从非语言成分与语言成分交互作用的角度建设的资源。

---

① 该词典网址 https://emojidictionary.emojifoundation.com/。

② WIJERATNE S, BALASURIYA L, SHETH A, et al. EmojiNet: Building a Machine Readable Sense Inventory for Emoji[M]// SPIRO E, AHN Y Y. *SocInfo 2016. Lecture Notes in Computer Science (10046)*. Cham: Springer International Publishing, 2016: 527−541.

2.5　计算模型

从信息处理的角度来看，非语言成分分析本质上是一个结构学习问题，因此本节主要讨论结构学习的一些进展。

2.5.1　结构学习

结构预测的主要目的是预测结构对象，在大部分自然语言处理技术（如信息抽取、机器翻译、情感分析和自动问答）中都有着广泛的应用，如表 2-5 所示。

表2-5　结构预测主要任务

任　务	输　入	类　别	相关研究
词性标注	句子	词性序列	黄（Huang）等[1]
语法解析	句子	语法树	黄（Huang）等[2]
机器翻译	英文句子	中文句子	黄（Huang）等[3]

---

[1]　HUANG L, FAYONG S, GUO Y. Structured Perceptron with Inexact Search[C]// CHU-CARROLL J. *Proceedings of the 2012 Conference of the North American Chapter of the Association for Computational Linguistics: Human Language Technologies*. Montreal, Canada: ACL, 2012:142-151.

[2]　HUANG L, SAGAE K. Dynamic Programming for Linear-time Incremental Parsing[C]// HAJIČ J. *Proceedings of the 48th Annual Meeting of the Association for Computational Linguistics*. Uppsala, Sweden: ACL, 2010: 1077-1086.

[3]　HUANG L, CHIANG D. Forest Rescoring: Faster Decoding with Integrated Language Models[C]//ZAENEN A, VAN DEN BOSCH. *Proceedings of the 45th Annual Meeting of the Association for Computational Linguistics*. Prague, Czech Republic: ACL, 2007:144-151.

续　表

任　务	输　入	类　别	相关研究
语音识别	声音	句子	麦卡莱斯特（McAllester）等 [1]
手写识别	笔画	句子	韦斯（Weiss）等 [2]
光学识别	图片	句子	门辛克（Mensink）等 [3]

目前结构预测的研究主要体现在以下方面，如表2-6所示。

表2-6　结构预测研究工作

工　作	研究方法
训练方式	感知机（Perceptron） 条件随机场（Conditional Random Fields，CRF） 最小错误率训练（Minimum Error Rate Training，MERT） 最小风险（Minimum Risk，MR） 深度学习模型（Deep Learning Model）
解码方式	最大后验（Maximum A Posterior，MAP） 维特比算法（Viterbi Algorithm） 最小贝叶斯风险（Minimum Bayes Risk，MBR）
推理策略	精确推理（Exact Inference） 近似推理（Approximate Inference） 不精确推理（Inexact Inference）

柯林斯（Collins）提出了一个新的训练标注模型算法，该算法以

[1]　MCALLESTER D A, HAZAN T, KESHET J. Direct Loss Minimization for Structured Prediction[C]//LAFFERTY J D, WILLIAMS C K I, SHAWE-TAYLOR J, et al. *Proceedings of the International Conference on NIPS-Volume 2*. Red Hook, NY: Curran Associates Inc., 2010: 1594-1602.

[2]　WEISS D J, TASKAR B. Structured Prediction Cascades[J]. *JMLR*, 2010, 9: 916-923.

[3]　MENSINK T, VERBEEK J, CSURKA G. Learning Structured Prediction Models for Interactive Image Labeling[C]//*Proceedings of the 24th IEEE Conference on Computer Vision & Pattern Recognition*. Colorado Springs, CO: IEEE, 2011: 833-840.

Viterbi 解码为基础进行训练，并融入了简单递增更新。^① 他在文中通过分类问题感知机算法的收敛性证明的修改对算法理论的证明进行讲解，并在词性标注和名词词组组块领域取得了优于最大熵方法的表现。

库利斯（Kulis）等人认为以前的结构预测模型都是基于精确推理的，但是这些模型在机器学习、增量解析和自下而上分析等实际应用中可能存在着缺陷。^② 他们在论文中证明了为什么基于非精确搜索的标准感知机不能有效工作，并且提出一种新的总体框架——"违反修复"（Violation-Fixing）的预测方法。该方法是在新的分离性条件下基于理论收敛的非精确搜索。该框架对目前流行定向搜索预测的启发式 Early-Update 算法进行了分类和证明，同时提出了"违反修复"框架下的一些新的更新策略，其中 Max-Violation 算法被认为可以有效地减少训练迭代次数，实验证明其在词性标注和增量解析方面取得了非常好的效果。

萨姆达尼（Samdani）等人提出一种名为 DecL（Decomposed Learning）的算法，该算法将推理过程限制在结构空间的一个有限部分中进行有效的学习。^③ 他们在文中给出了基于结构、目标参数和黄金标签的特征，并在此条件下利用 DecL 取得近似于精确学习算法的成果。

以上的这些方法都是基于特征的模型，但特征工程的复杂性使模型训练及解码变得非常困难，基于深度学习的方法减少了特征工程带来的副作用，在结构预测中已得到广泛研究与应用。

① COLLINS M. Discriminative Training Methods for Hidden Markov Models: Theory and Experiments with the Perceptron Algorithm[C]//HAJIČ J, MATSUMOTO Y. *Proceedings of the 2002 Conference on Empirical Methods in Natural Language Processing (EMNLP 2002)*. Philadelphia, PA: ACL, 2002: 1−8.

② KULIS B, SAENKO K, DARRELL T. What You Saw Is Not What You Get: Domain Adaptation Using Asymmetric Kernel Transforms[C]// *Proceedings of the 24th IEEE Conference on Computer Vision and Pattern Recognition*. Colorado Springs, CO: IEEE, 2011: 1785−1792.

③ SAMDANI R, ROTH D. Efficient Decomposed Learning for Structured Prediction[C]// LANGFORD J, PINEAU J. *Proceedings of the 29th International Conference on ICML*. Edinburgh, UK: Omnipress, 2012: 1539−1546.

2.5.2 基于深度学习的结构预测

深度学习已广泛使用于图像处理、语音识别及自然语言处理。在自然语言处理中，基于深度学习的结构预测方法受到广泛关注。当前结构预测模型主要在算法优化、搜索策略、特征表示及应用等方面做了大量的工作。在自然语言处理领域，结构预测通常包括实体识别和关系抽取，且联合模型能共享参数，减少错误传播等，联合的结构预测被大量地研究。

美和（Miwa）和班萨尔（Bansal）提出一种端对端的实体识别和关系抽取联合模型。其首先采用基于序列的 Bi-LSTM 来识别实体，然后采用基于依存树序列的 Bi-LSTM 来识别关系。[①] 因此，该联合模型共享实体和关系的参数。模型权重更新采用 BPTT 和 Adam 梯度下降方法，并采用 Scheduled Sampling 和实体预训练来减缓在训练早期实体预测的不可靠性问题。

格普塔（Gupta）等人将实体识别和关系抽取转化为一个表格填充问题，利用神经网络对它们之间的相互依赖性建模，提出联合实体识别和单词级别的关系抽取模型。[②] 该模型采用多任务 RNN 神经模型，通过单词组合作为上下文来实现单词级别的关系学习。

① MIWA M, BANSAL M. End-to-End Relation Extraction Using LSTMs on Sequences and Tree Structures[C]//ERK K, SMITH N A. *Proceedings of the 54th Annual Meeting of the Association for Computational Linguistics (Volume 1: Long Papers)*. Berlin: ACL, 2016: 1105-1116.

② GUPTA P, SCHÜTZE H, ANDRASSY B. Table Filling Multi-Task Recurrent Neural Network for Joint Entity and Relation Extraction[C]//MATSUMOTO Y, PRASAD R. *Proceedings of COLING 2016, the 26th International Conference on Computational Linguistics: Technical Papers*. Osaka, Japan: COLING, 2016: 2537-2547.

其他如阮（Nguyen）等人提出的神经的联合事件抽取 ①，周（Zhou）等人提出的基于神经迁移的句法分析 ② 等，这些方法显示了基于深度学习的模型在结构预测中起着重要的作用。

2.6　本章小结

本章从三个不同领域总结了非语言成分的研究成果和进展情况。总结以上工作，非语言成分受到广泛的研究与重视，为计算机处理社会媒体语言提供了新方法和新手段。

目前研究的主流假设是基于非语言成分独立地表达了用户的情感和观点，但本书认为非语言成分与语言成分是交互的，它们共同完成社交媒体的情感表达。但这种交互关系如何分类，如何描述它们之间内在的交互机制，如何将交互机制形式化为一个可计算模型仍是具有挑战性的问题。当前的非语言资源主要集中在非语言词典构建及以任务为目标的资源建设上，缺少非语言成分交互资源，而建设大规模的非语言成分资源也是挑战之一。

---

① NGUYEN T H, CHO K, GRISHMAN R. Joint Event Extraction via Recurrent Neural Networks[C]//KNIGHT K, NENKOVA A, RAMBOW O. *Proceedings of the 2016 Conference of the North American Chapter of the Association for Computational Linguistics: Human Language Technologies*. San Diego, CA: ACL, 2016: 300–309.

② ZHOU H, ZHANG Y, HUANG S, et al. A Neural Probabilistic Structured-Prediction Model for Transition-based Dependency Parsing[C]//ZONG C, STRUBE M. *Proceedings of the 53rd Annual Meeting of the Association for Computational Linguistics and the 7th International Joint Conference on Natural Language Processing (Volume 1: Long Papers)*. Beijing: ACL, 2015: 1213–1222.

中 篇

社交媒体表情符与文本的情感交互

第3章　社交媒体中表情符与文本的
情感交互机制

3.1　动　机

在面对面交流中，人们通常采用面部表情、姿态、手势等非语言成分来传递他们的情感。然而在 CMC 的信息交互方式，如论坛、微博和即时通信等社交媒体中，由于上述非语言线索并不能直接使用在文本语言中，情感等重要信息无法传达，使得交流存在障碍。为了克服这一问题，人们在社交媒体中使用各种表情符来代替人际交流中的非语言线索。例如：

（1）明天周六。🙀

（2）明天周六。😁

（3）妈妈的生日礼物。🙀

（4）你唱歌太好听了。😁

表情符已被广泛使用于社交媒体，其已成为社交媒体的重要组成部分。例如，在对推特中 emoji 的实时统计中，数量已达到百亿，并且呈指数级增加。[①] 根据腾讯公司 2015 年发布的《中国网民表情报告》，2014 年全年 QQ 表情发送量超过了 5 338 亿次，8 亿 QQ 用户中超过 90% 在聊天时使用过表情符。表情符这种非语言表达方式被社会心理学、语言学领域进行了广泛研究，特别是在信息处理领域，表情符通常被当作一个重要特征运用于社交媒体分析任务，如情感分析、反讽检测及信息消歧

---

① 　网址为 http://www.emojitracker.com/。

等。然而由于传统的语言理论框架并不适于社交媒体语言，表情符的大量使用给利用计算机处理社交媒体信息带来更大的挑战。这种把表情符作为特征的使用方式是浅层的、静态的，忽视了表情符作为非语言线索与文本具有交互作用。

社会认知学领域的研究认为，社交媒体的情感表达并非表情符与文本情感的简单相加。[①] 例如，前述例子中的表情符与文本的情感变化可描述如图 3-1 所示。

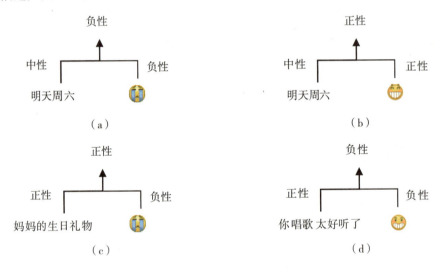

图 3-1　社交媒体情感变化过程

可以看出，同一文本在不同表情符下所表达的情感可能是不同的，如图 3-1 的（a）与（b）；不同文本在同一表情符所表达的情感也可能是不同的，如图 3-1 的（a）与（c）；甚至表情符能改变文本的情感极性，如图 3-1 的（d）。类似于面对面交流的语言与非语言成分的关系，社交媒体中表情符与文本是相互作用、相互交互，共同完成社媒信息情感表达的。

---

① CHEN Y, YUAN J, YOU Q, et al. Twitter Sentiment Analysis via Bi-sense Emoji Embedding and Attention-based LSTM[C]//BOLL S, LEE K M, LUO J, et al. *Proceedings of the 26th ACM International Conference on Multimedia*. New York: ACM, 2018: 117-125.

基于表情符与文本具有情感交互的认知事实，以 emojis 在微博中的应用为例，本章研究表情符与文本的情感交互机制。该研究将有助于从动态的、深层的角度研究社交媒体，有助于计算机对社交媒体语言的信息化处理与分析。

本章下面将介绍社交媒体表情符研究的相关工作，给出表情符的情感分类，进一步探讨表情符与文本的情感交互分类，并以此分类为依据，构建一个情感交互数据库，最后通过实例对表情符与文本的情感交互进行分析研究。

3.2　相关工作

随着社交媒体成为人类交流最重要的方式之一，研究人员已经找到方法来解决以文本为基础的 CMC 情感表达受限的问题。社会心理学家分别提出了社会临场理论[①]、社会信息处理理论[②] 和超人际理论[③] 来指导以计算机为媒介的信息交流。他们认为，人们能通过非语言成分特别是表情符等的使用，使得社交媒体信息具有社会意义。

表情符作为非语言成分的重要组成部分，从最初的表情字符（emoticon），到近来流行的表情图片（emoji），已经成为社交媒体中不可或缺的元素。同时，它已成为学术界的研究热点问题，特别受到了社会心理学、语言学及信息处理领域的重视。社会心理学家主要研究表情符所表达的社会属性，如威特默（Witmer）和卡茨曼（Katzman）从在线

① SHORT J, WILLIAMS E, CHRISTIE B. *The Social Psychology of Telecommunications*[M]. London:Wiley, 1976.

② WALTHER J B, D'ADDARIO K P. The Impacts of Emoticons on Message Interpretation in Computer-Mediated Communication[J]. *Social Science Computer Review*, 2001, 19(3): 324-347.

③ WALTHER J B. Interpersonal Effects in Computer-Mediated Interaction: A Relational Perspective[J]. *Communication Research*, 1992, 19(1): 52-90.

社交媒体中统计发现，女性通常使用更多的表情符。① 语言学家主要关注表情符的语义表示及语用分析。维杰拉特纳（Wijeratne）构建了一个表情符语义词典，该词典类似于传统的文本单词词典。每个表情符相当于一个单词，由词义及例子构成。这些成果揭示了表情符的本质特征，然而要直接运用到信息处理领域，还存在一定的距离。

由于表情符主要用于表达用户的情感，在情感分析任务中，研究人员将表情符直接按情感或情绪进行分类。霍格隆（Hogenboom）等人将表情符号分成正性、中性和负性情感。他们也采用聚类的方法将表情符按情绪进行聚类。而这些分类没有考虑表情符的上下文，是一种静态的分类。

另一方面，社会学及语言学学者通常从语用角度将表情符分为三类：传递情感、表达观点、维持关系。这种分类虽然解释了表情符在社交媒体中的语用作用，但粒度太粗，并不能真正刻画表情符对文本的情感影响，也不适合直接应用于信息处理领域。在信息处理领域，社媒分析模型通常将表情符作为特征融入分析模型中。②③ 这种策略对表情符的使用也是浅层的，没有从深层的交互的角度来研究。本书将以微博中使用最为广泛的 emoji 为例，探讨表情符与文本的情感交互机制。

---

① WITMER D F, KATZMAN S L. On-Line Smiles: Does Gender Make a Difference in the Use of Graphic Accents?[J]. *Journal of Computer-Mediated Communication*, 1997, 2(4): JCMC244.

② 黄发良, 冯时, 王大玲, 等. 基于多特征融合的微博主题情感挖掘 [J]. 计算机学报, 2017, 40(4): 872-888.

③ 张熙来, 周俊祥, 姬东鸿. 面向社交媒体的分级注意力表情符预测模型 [J]. 计算机应用研究, 2020, 37(7): 1931-1934.

3.3　表情符情感

由于表情符主要用于表达用户的情感，其生动呈现和描摹日常面对面交际中的非言语信息，使得社交媒体文本具有了社交属性，能更好地表达在线交流者之间的情感交流。为此研究人员将表情符直接按情感或情绪进行分类。例如，霍格隆等人将表情符号分成正性、中性和负性情感。表 3-1 显示了微博中 10 个最常用表情符的情感极性。

表3-1　常用表情符的情感极性

表情符	情感极性	表情符	情感极性	表情符	情感极性	表情符	情感极性	表情符	情感极性
😭	正性	😆	正性	😁	正性	😤	负性	❤️	正性
😟	负性	😎	负性	😥	负性	😫	正性	👍	中性

然而，研究显示，大多数表情符的情感极性展示出多样性，它们在不同的上下文中表达不同的情感。克拉尔吉·诺瓦克（Kralj Novak）等人从情感分布的角度构建了表情符的情感分布词典。其认为表情符的情感存在多义性，在不同的上下文环境中，其所表达的情感是不同的。以上表情符的情感分类仍是静态的，下节将探讨表情符与文本的情感交互分类。

3.4　表情符与文本情感交互类别

类似于面对面交流的语言与非语言成分的关系，社交媒体中表情符与文本相互作用，交互完成社媒信息的情感表达。社会学及语言学学者通常从语用角度对表情符等非语言成分进行分类，一般分为三类：传递情感、表达观点、维持关系。这种分类粒度较粗，不能直接运用于社交媒体信息分析任务，如情感分析、反讽分析等。

由于表情符在社交媒体中主要传递情感信息。从前面的例子可以看出，表情符不仅能表达、增强文本的情感，也能改变文本的情感极性。因此，根据表情符对文本的情感极性的影响，本研究把表情符与文本的情感交互划分为情感表达、矛盾表达、情感增强、情感减缓和无情感交互五种类别。

3.4.1　情感表达

无情感文本加入表情符后，使得文本具有情感，如 3.1 中的例子（1）无情感文本加入表情符😭后，其情感极性变为负性；例子（2）无情感文本加入表情符😁后，其情感极性变为正性。

3.4.2　矛盾表达

情感文本在加入表情符后其情感极性发生改变，如正性变为负性，负性变为正性；或者文本表达的观点由支持变为不支持，如 3.1 中的例子（4），其情感极性由正变为负。而下面的例子（5），其情感极性由负变为正。

（5）出大事了！😁

3.4.3　情感增强

情感文本在加入表情符后其情感极性不发生改变，但强度增加，如下面的例子（6）加入表情符后，负性情感增强；例子（7）加入表情符后，正性情感增强。

（6）语文考完了，我哭了😭

（7）见到你太高兴了！😆

3.4.4 情感减缓

情感文本在加入表情符后其情感极性不发生改变，但强度减缓，如例子（8）加入表情符后，负性情感减缓。

（8）你真是太坏了!

3.4.5 无情感交互

文本在加入表情符后，情感极性及强度不发生改变，如例（9）。这些表情符通常起着其他作用，如维持社会关系。这类表情符不在本书讨论范围内。

（9）大家好!

以上对表情符与文本交互类别定义简单明确，完整地刻画了表情符对文本的情感影响。这种交互类别划分可直接运用于社交媒体信息处理，如在情感分析任务中，分析出表情符与文本的交互类别后，利用表情符与文本的各自情感，整个社媒信息的情感计算采用线性运算即可。其算法简要描述如下：若表情符与文本的情感极性分别量化为 u 或 v，在不同的交互类别下，情感计算公式分别如下。

（1）情感表达： sentiment = u（式中 v 为 0）

（2）矛盾表达： sentiment = −v

（3）情感增强： sentiment = v + u

（4）情感减缓： sentiment = v − u

（5）无情感交互： sentiment = v

3.5 情感交互语料构建

为了从实证角度分析表情符与文本的情感交互，本研究构建了一个

10 042 条微博的语料库。本研究并没有直接标注表情符与文本的情感交互类别，而是采用间接的方法进行标注，首先标注整个社媒文本的情感极性，然后去掉表情符，标注纯文本的情感极性，最后再根据上一节的情感计算公式反推出表情符与文本的情感交互类别。

其语料构建具体过程如下。

首先，从新浪微博随机抽取了 2019 年 4 月份包含有表情符的 10 万条微博，使用 jieba 中文分词器进行分词，替换微博中的网址、用户及话题标签等，同时过滤掉单词长度小于 5 的微博文本。其次，随机抽取其中的 1 万多条微博作为待标注语料。由于本书只讨论文本与单个表情符的交互机制，对于一个微博中含有多个表情符的，只保留第一个表情符，其余去掉。进一步去掉重复及表情符出现次数小于 20 次的微博，得到 10 042 条语料。为了标注表情符对文本的作用，手动去掉所有微博的表情符，仅保留文本，构建同样数目的语料。这样得到含表情符和不含表情符的两份语料。其语料统计结果如表 3-2 所示。

表3-2　语料统计结果

微博数	表情符数	单词数
10 042	101	118 254

在标注微博时，其情感标签分为三类：负性、中性和正性。其中正性和负性又分别分为强、弱两类。用数字表示情感标签分别为 1、2、3、4、5。其中 1、2 为负性；3 正为中性；4、5 为正性。每条微博分别采用 3 个人标注。为了防止标注偏置问题，两份语料随机分配给学生。另外，为保证标注一致性，争议标注处理原则如下：当标注不一致时，如果三人中两人相同，则按多数原则。如果三人有两人极性相同，但强度不一致，则提出来讨论。如果三人标注情感极性都不相同，说明该微博歧义较大，则从语料中去掉。最后标注微博共 10 042 条。表 3-3 详细地给出

了标注结果，可以看出含有表情符的微博比不含表情符的微博中性极性大幅减少，说明表情符主要用于表达情感。此外，从标注一致性看，含有表情符的微博极性与强度一致性要比不含表情符的微博分别高 14.3%、11.2%，说明含有表情符的文本更能表达明确的情感。

表3-3　语料标注结果统计

类　型	负　性		中　性	正　性		极性标注一致性	强度标注一致性
	1	2	3	4	5		
含有表情符微博	1 965	1 356	902	2 418	3 401	89.1%	71.5%
不含表情符微博	1 041	1 559	3 615	2 465	1 362	74.8%	59.3%

3.6　情感交互语料分析

本节将从不同角度对语料中表情符与文本交互进行详细分析。其主要目标是表情符与文本交互类别是否有意义地影响了情感表达。虽然本书抽取的语料较少，但由于语料抽取具有随机性，应该可以反映一些规律。

根据表情符与文本的情感交互五种类别定义，本书首先对标注语料中不同情感交互类别语料占比进行了统计，统计结果如表 3-4 所示。从表中可以看出，表情符主要运用于社交媒体的情感表达及情感增强，而矛盾表达、情感减缓及无情感交互则占比较少，这说明了表情符主要是使无法表达情感的文本具有情感，使能表达情感的文本得到增强。此外，表中也给出每种交互类型的常用 10 个表情符，矛盾表达、情感减缓、无情感交互由于数据较少，只统计前 7 个表情符。可以看出，不同交互类型表情符使用分布是不同的，如情感表达最常使用的是😭，矛盾表达最常使用的是😁，情感增强最常使用的是😭，情感减缓最常使用的是😊。

表3-4　情感交互类别统计

交互类型	语料数目	占比（%）	常用表情符
情感表达	3 281	33	
矛盾表达	192	2	
情感增强	5 667	56	
情感减缓	568	6	
无情感交互	334	3	

　　为了进一步分析表情符对文本的情感的交互作用，本书给出含有表情符微博与不含有表情符微博的情感标记混淆矩阵，如表3-5所示。基于不含有表情符微博与含有表情符微博的情感极性变化角度观察，情感极性发生改变的占比达40%，情感极性与强度都发生改变的占比达88%，这说明表情符对文本的情感影响极大，表情符与文本应是相互作用，共同完成微博的情感表达的。

表3-5　含有表情符微博与不含表情符微博的情感标记混淆矩阵

类别—极性—强度			不含有表情符微博					
			负　性		中　性	正　性		小　计
			1	2	3	4	5	
含有表情符微博	负　性	1	121	1 154	624	39	27	1 965
		2	669	167	495	15	10	1 356
	中　性	3	185	203	334	101	79	902
	正　性	4	21	16	1 023	323	1 035	2 418
		5	45	19	1 139	1 987	211	3 401
小　计			1 041	1 559	3 615	2 465	1 362	10 042

　　每个表情符代表不同的情感表达，它们与不同的文本有着不同的情感交互。因此，它们与文本的交互类别分布也是不一样的，图3-2给出最常用表情符与文本的交互类别分布，可以看出表情符　与　更多的是

使文本具有情感，而 与 则增强文本的情感。另一方面， 在矛盾表达中占比较大，而 有助于减缓情感表达。

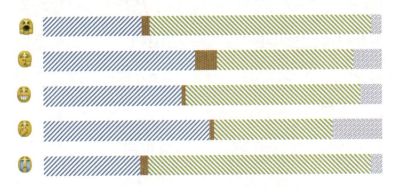

※ 情感表达　▥ 矛盾表达　＼ 情感增强　※ 情感减缓

图 3-2　不同表情符与文本交互类别分布

　　进一步，本研究也统计了表情符在不同交互类别的文本的词云图（图 3-3），可以看出在不同的交互类别中，表情符所对应的词汇是有较大区别的。例如，对于表情符 ，情感表达所对应的是比较中性的词，矛盾表达所对应的词通常比较负性，情感增强所对应的大部分是情感词，情感减缓所对应的并非都是情感词。另一方面，不同的表情符在不同的交互类别所对应的文本差异也很大。这进一步说明了表情符与文本情感表达存在着情感交互规律。

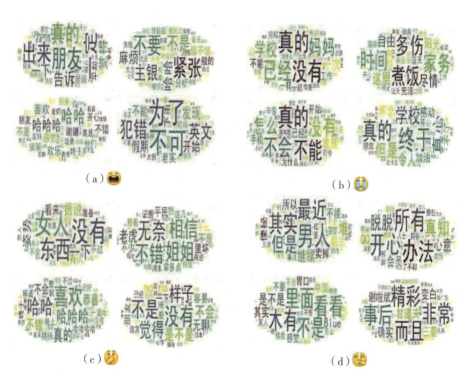

图 3-3　常用表情符在不同交互类别的文本的词云图

（每个表情符包含 4 个词云图，从上到下，从左到右，交互类别分别为情感表达、矛盾表达、情感增强及情感减缓）

3.7　本章小结

　　基于表情符与文本存在情感交互这一认知事实，本书根据表情符对文本的情感影响提出五种情感交互类别，并利用标注语料对情感交互进行详细分析。结果显示表情符与文本的情感交互存在较强的规律性。这种从动态的角度、交互的角度揭示社交媒体中表情符与文本的情感交互机制，将有助于对社交媒体的语言理论研究，有助于计算机处理和理解社交媒体文本。

第4章　基于 LSTM-NN 的联合结构的交互预测模型

上一章从表情符与文本存在情感交互这一认知事实，提出表情符与文本的情感交互机制。本章从信息处理的角度出发，把该交互机制形式化为联合结构，并提出基于 LSTM-NN 的交互预测模型，进而探讨情感交互机制的自动化分析。

4.1　问题形式化

给定一个社交媒体文本信息（例如一条微博、一段即时通话内容等），联合模型要自动分析出非语言成分的交互机制，即要识别出非语言成分及其交互文本，判定两者的交互类型及交互强度。因此，该问题可表示如下。

输入：社媒文本信息 t。

输出：$(y_1, \cdots, y_k)$。其中 y_i 由一个四元组结构 $<s_i, c_i, t_i, o_i>$ 组成，s_i、c_i、t_i、o_i 分别表示非语言成分及其交互类型、交互强度、交互文本。

该问题可划分为以下四个子问题：①非语言成分识别；②交互文本识别；③交互关系；④交互强度检测。显然这四个子问题是相互依存的，非语言成分、交互文本的识别影响交互关系及交互强度的结果，反过来，交互关系的判断也可以修正交互文本的识别，因此这四个子问题适合采用联合模型。从另一方面来看，交互机制识别本质可看作一个关系结构预测问题，因此该分析问题可形式化为一个结构预测问题。

结构预测优化目标：若训练集中包含 N 个实例，采用最大熵方法，其优化目标为最大化函数：

$$L(\theta) = -\sum_{j=1}^{N} \log p(y_{gj} \mid X; \theta) + \alpha \parallel \theta \parallel_2^2 \qquad (4-1)$$

式中 gj 是第 j 个实例的标准输出。$p(y_{gj} \mid X; \theta)$ 是第 j 个实例的标准输出的概率；α 是正则项的权重。对每一个实例的输出概率可表示为

$$p(y_{gj} \mid X; \theta) = p(s_{gj}, o_{gj} \mid X; \theta_1) \bullet p(c_{gj}, t_{gj} \mid s_{gj}, o_{gj}; \theta_2) \qquad (4-2)$$

式中 $p(s_{gj}, o_{gj} \mid X; \theta_1)$ 表示非语言成分及其交互语言成分的输出概率；$p(c_{gj}, t_{gj} \mid s_{gj}, o_{gj}; \theta_2)$ 表示交互类别及交互强度输出概率。

4.2 模型框架

深度学习已经广泛应用于自然语言处理应用中，基于深度学习的结构预测模型在关系抽取中取得较好应用。在 4.1 中该交互机制被分解成 4 个子任务。其中①和②可看作一个序列标记学习问题；③和④可看作关系抽取问题。本书拟采用 LSTM-NN 的深度联合结构预测模型。LSTM（长短记忆网络）学习序列标注，NN（神经网络）模型学习关系抽取。该模型的好处如下：

（1）采用深度模型，自动学习低维表示，可避免复杂的特征工程，减少系统的复杂度。

（2）LSTM 模型能有效利用远距离特征。

（3）采用联合结构模型可避免错误传递问题，同时可在多个任务间共享特征。

图 4-1 给出了模型的一个例子框架。模型可分为两个子模型：第一个子模型是采用双向长短记忆网络（Bi-LSTM）来进行序列标注学习，识别出非语言成分及其所对应的语言成分；第二个子模型是关系预测模

块，输入识别出来的非语言成分及其所对应的语言成分到一个关系预测神经网络（Relation-NN）模型中，判断其交互关系类型及关系强度。

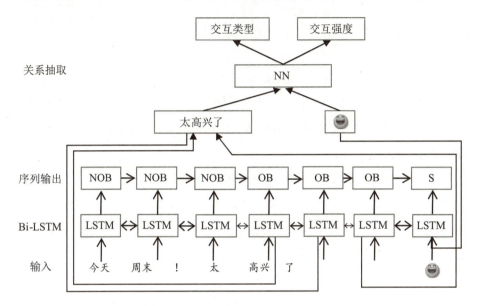

图 4-1　基于 LSTM-NN 的联合结构预测模型

各层分析简述如下。

（1）输入层：输入信息包括语言成分的每一个词 w 及非语言成分 e 的每个元素，特征包括词、词性、情感及句法特征等，每个特征采用嵌入表示，即用实数低维向量表示。e_w、$e_s \in R^n$。每个元素的嵌入表示可采用两种策略：一是随机初始化，可能导致训练收敛慢；二是利用大规模未标记语料做训练。

（2）Bi-LSTM 层：本书采用双向 LSTM 来学习社交媒体文本中间表示，其好处是可利用远距离的特征。每一个 LSTM 单元由多个实向量组合而成，包括输入门向量 i_t、忘记门向量 f_t、输出门向量 o_t、内存单元 c_t 和隐藏状态 h_t。各变量内计算公式如下。

$$i_t = \sigma(W^{(i)}x_t + U^{(i)}h_{t-1} + b^{(i)})$$
$$f_t = \sigma(W^{(f)}x_t + U^{(f)}h_{t-1} + b^{(f)})$$
$$o_t = \sigma(W^{(o)}x_t + U^{(o)}h_{t-1} + b^{(o)})$$
$$u_t = \tanh(W^{(u)}x_t + U^{(u)}h_{t-1} + b^{(u)}) \qquad (4\text{--}3)$$
$$c_t = i_t \odot u_t + f_t \odot c_{t-1}$$
$$h_t = o_t \odot \tanh(c_t)$$

式中 σ、$\tanh$ 表示神经元的激活函数。W、U 是权重矩阵，b 是偏差向量。对于第一个门，其输入数据为 x_t，输出为 h_t，在 Bi–LSTM 网络中，其输出向量为 $l_t = [\overrightarrow{h_t}, \overleftarrow{h_t}]$。

（3）序列输出：其目的是检测出非语言成分及其交互文本。序列输出可看作一个序列标注，标注类别分为三类：NOB、OB、S，分别表示非交互文本、交互文本、非语言成分。标注输出检测在序列输出的上层，其包括两个 NN 层：隐藏层 h（e）和输出层。

$$h_t^{(e)} = \tanh\left(W^{(e_h)}\left[s_t; v_{t-1}^{(e)}\right] + b^{(e_k)}\right)$$
$$y_t = \mathrm{softmax}\left(W^{(e_k)}h_t^{(e)} + b^{(e_j)}\right) \qquad (4\text{--}4)$$

（4）关系抽取层：该层的作用是根据前面得到的非语言成分及其交互文本 $h_{ob_1}, \ldots, h_{ob_k}$，判断其交互类型及交互强度。该部分是由多层的神经网络组成。由于识别的交互文本长度不一致，因此首先将交互文本压缩为与非语言成分同维度的向量，然后输入隐藏层，最后送入判断层得出输出结果。具体公式如下。

$$h_o = f_1\left(h_{ob_1}, \ldots, h_{ob_k}\right)$$
$$h_p^{(r)} = f_2\left(h_o, h_s\right) \qquad (4\text{--}5)$$
$$y_p = \mathrm{softmax}\left(W^{(r_y)}h_p^{(r)} + b^{(r_y)}\right)$$

式中 f_1 为压缩函数，f_2 为非语言成分与语言成分的交互函数。

4.3　训练过程

模型采用基于梯度下降的前向和后向传播训练过程。为了加快训练速度，提高模型适应性，训练过程使用 BPTT 方法、Adam 梯度下降及 Dropout 等技术。具体过程见算法 4-1。

算法 4-1　分析模型 Bi-LSTM-NN 结构预测模型训练过程

输入：标注语料

输出：结构预测模型

从未标注语料中训练单词及非语言成分表示

初始化模型参数

While（满足收敛条件）

　　For 每一批处理数据

　　　Bi-LSTM 前向传播

　　　　LSTM 左 - 右前向传播

　　　　LSTM 右 - 左前向传播

　　　Relation-NN 前向传播

　　　误差计算

　　　relation-NN 后向传播

　　　Bi-LSTM 后向传播

　　　　LSTM 右 - 左后向传播

　　　　LSTM 左 - 右后向传播

　　参数更新

　　EndFor

EendWhile

Return 模型参数

4.4　实验及分析

4.4.1　数据参数设置

实验数据为本报告上一章所标注数据集。本实验使用 jieba 中文分词器进行分词，替换掉微博中的网址、用户及话题标签等。由于表情符与文本的识别是非常简单的，实验假设文本与表情符是已知的，只对交互类型进行了识别。数据集按 8∶1∶1 随机进行划分。实验评估方式以常用的精度作为评价标准。

模型的输入采用 Word2Vec 来表示文本的词向量，训练过程中采用反向传播方法进行参数调整，损失函数采用交叉熵损失函数。通过进行大量实验及参数调整后，获得的超参数设置如下：词向量维数 d 为 200，隐藏层单元数为 300，学习率为 0.01，dropout 的百分比为 50%，迭代次数为 80。

4.4.2　实验结果

作为对比，实验中采用以下模型与本实验模型进行比较。

（1）SVM（支持向量机）模型：把文本中单词与表情符作为模型特征输入。

（2）LSTM 分类模型：采用双向 LSTM 直接输入整个微博。

（3）CNN 分类模型：同（2）把整个微博作为输入。

表 4–1 给出了实验结果。从表中可以看出，本实验所提联合模型达到了最好性能。比较 SVM 模型，本实验模型 ACC 值提升 26.47%。比较两个神经网络模型 Bi–LSTM 和 CNN，本实验模型分别提升了 1.96% 和 2.77%，说明本实验模型充分利用了文本与表情符的交互信息，能有效识别出它们的交互特征。

表4-1 不同方法的实验结果比较

系　统	交互类型识别
	ACC
SVM	0.567 2
Bi-LSTM	0.812 3
CNN	0.804 2
OUR	0.831 9

4.5 本章小结

　　本章从信息处理的角度，把情感交互机制形式化为结构预测问题，并提出一个基于深度学习的结构预测模型，实验结果显示本实验提出的模型具有较优的性能。这使得自动化分析表情符与文本的情感交互机制成为可能。

第 5 章　基于表情符注意力机制的
微博情感分析模型

微博是重要的社交媒介之一，微博情感分析是信息处理的一个重要任务。本章提出基于表情符注意力机制的神经网络模型，较好地模拟了表情符对文本的情感交互作用这一认知事实。

5.1　动　机

微博已成为人们交流信息、表达情感和观点的最重要社交媒介之一，已有大量的研究工作聚焦于微博文本，如舆情分析、突发事件检测、观点挖掘和情感分析等，其中情感分析是微博研究的基础及重点话题之一。当前，情感分析采用的主要方法包括 SVM、决策树及神经网络等模型。为表达情感和观点，人们在微博中使用了大量的表情符，当前大多数模型把表情符作为重要的因素融入模型中。常用的方法是把表情符作为模型特征或一种自然标注，用于扩充训练语料。然而，研究显示表情符直接当作情感标签会产生很多噪声。社会认知学领域的研究认为，表情符类似于人类交流中的非言语成分，如面部表情、姿态等，表达交流者之间的情感；在社交媒体中，表情符对文本的情感表达产生最重要影响，甚至能改变文本的情感极性，如下面两个例子。

（1）明天要上学😭

（2）妈妈给我的生日礼物😭

文本的情感变化如图 5-1 所示。

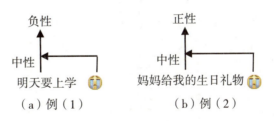

图 5-1　微博文本的情感变化

　　可以看出，表情符对文本的情感表达起着重要作用。但微博的情感表达并非文本与表情符的简单相加，如这两个例子虽然具有相同的表情符，但在不同的文本下，其产生的作用是不同的。

　　这种表情符对文本的交互作用类似于神经网络的注意力机制，在一个微博句子中，每个词语的信息量权重是不同的，表情符也对文本中词语的权重产生影响，改变文本的表达，进而改变文本的情感极性表达。

　　因此，本研究结合这两者提出基于表情符注意力机制的神经网络模型。图 5-2 给出了本书所提出的模型框架，它把微博分成两类信息：文本和表情符。模型首先对输入文本采用双向循环神经网络模型（Bi-LSTM）显示文本的低维特征表示，然后结合表情符的向量，输入表情符注意力网络层，改变文本中单词的权重，进而得到文本的特征表示，最后利用分类方法得到文本的情感标签。

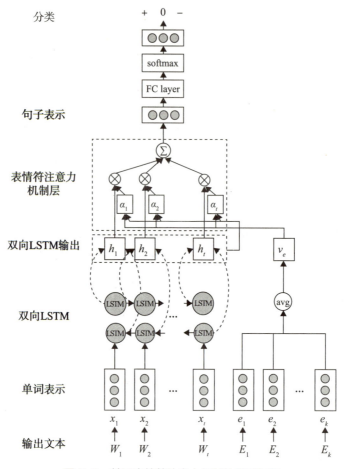

图 5-2 基于表情符注意力机制的模型框架

5.2 相关工作

情感分析是对带有情感色彩的主观性文本进行分析、处理、归纳和推理的过程。例如，对电影的评论、对产品的评价，情感分析有助于客观评价。其通常被看作一个分类问题，各种分类模型被广泛应用于该任务，如 SVM、决策树、神经网络等，常用的特征包括单词、单词数、词性、句法等，以及人工标注的情感词典。

近年来神经网络模型飞速发展，由于避免了复杂的特征工程，已被广泛应用于情感分析。大多数方法采用 RNN 和 CNN 等模型。陈（Chen）等人提出了一个结合用户—产品的注意力机制，用以完成情感分析任务。① 张（Zhang）等人提出了门机制。② 这些模型主要把文本作为输入，没有考虑表情符对文本的作用。

在社交媒体如新浪微博、推特中，存在着大量的表情符号，用于表达用户的情感及观点。当前对表情符的使用策略主要包括以下三种。

第一类策略是将表情符看作一种自然标注，该策略假设表情符独立地表达了用户的情感和观点。珀弗（Purver）等人使用推特数据中的标签（hashtags）和表情（emotions）来产生训练数据集。③ 实验结果表明，本方法在快乐（happiness）、伤心（sadness）、愤怒（anger）三种表情作为情绪标签时比较有效，而对于其他类型的表情效果不佳。达维多夫（Davidov）等人的研究显示，由于表情符存在歧义，即同一个表情符可能是正性，也可能是负性，因此利用表情符建立的训练语料包含许多噪声，可能导致训练模型产生副作用。④

第二类策略是将表情符作为一种特征融入分析模型中。江（Jiang）

① CHEN H, SUN M, TU C, et al. Neural Sentiment Classification with User and Product Attention [C]//SU J, DUH K, CARRERAS X. *Proceedings of the 2016 Conference on Empirical Methods in Natural Language Processing (EMNLP 2016)*. Austin, TX: ACL, 2016: 1650−1659.

② ZHANG M, ZHANG Y, VO D T. Gated Neural Networks for Targeted Sentiment Analysis [C]//SCHUURMANS D, WELLMAN M P. *Proceedings of the 30th AAAI Conference on Artificial Intelligence*. Phoenix, AZ: AAAI Press. 2016: 3087−3093.

③ PURVER M, BATTERSBY S. Experimenting with Distant Supervision for Emotion Classification [C]//DAELEMANS W. *Proceedings of the 13th Conference of the European Chapter of the Association for Computational Linguistics*. Avignon, France: ACL, 2012: 482−491.

④ DAVIDOV D, TSUR O, RAPPOPORT A. Enhanced Sentiment Learning Using Twitter Hashtags and Smileys[C]//JOSHI A K. *Proceedings of the 23rd International Conference on Computational Linguistics: Posters*. Beijing: COLING, 2010: 241−249.

等人在 SVM 模型中融合了微博结构特征、句子结构特征与表情特征，对微博进行正面、中性、负面的三类情感分类。[①] 这类策略也没有体现表情符对文本的情感作用。

第三类策略是把表情符和文本看作两个并列的信息源。霍格隆（Hogenboom）等人将社交媒体文本分成表情符和文本两部分，然后分别采用不同的模型计算出各自的情感，最后两个情感线性组合得到最终的文本情感。[②]

上述三种策略虽然在模型中考虑了表情符，但没有考虑到表情符对文本的作用机制。

注意力机制早期运用于图像处理，近来被逐步运用于自然语言处理，其作用是从众多信息中选择出关键信息。在自然语言处理中，研究显示注意力机制对机器翻译、问答系统、情感分析性能都有较大提升。

本书提出基于表情符注意力机制的神经网络模型，较好地模拟了表情符对文本的情感交互作用这一认知事实。

5.3 模 型

本节将首先介绍基于双向长短时记忆模型（Bi-LSTM）的情感分析模型，再引入表情符注意力机制，最后描述模型的训练。

---

① JIANG F, CUI A, LIU Y, et al. Every Term Has Sentiment: Learning from Emoticon Evidences for Chinese Microblog Sentiment Analysis [M]//ZHOU G, LI J, ZHAO D, et al. *Natural Language Processing and Chinese Computing, NLPCC2013*. Berlin: Springer, 2013: 224–235.

② HOGENBOOM A, BAL D, FRASINCAR F, et al. Exploiting Emoticons in Sentiment Analysis[C]//SHIN S Y, MALDONADO J C. *Proceedings of the 28th Annual ACM Symposium on Applied Computing*. Coimbra, Portugal: ACM, 2013: 703–710.

5.3.1　基于 Bi–LSTM 模型的情感分类模型

双向长短时记忆模型是一种特殊的循环神经网络（RNN）模型，主要用来处理序列数据，其在自然语言处理中得到了广泛应用。在情感分类任务中，该模型通常被运用于学习句子的表示，然后依据表示对文本作情感分类。杨（Yang）等人使用了 Bi–LSTM 完成文档分类，取得了较好的效果。[①] 下面简要介绍 Bi–LSTM 模型。

LSTM 是特殊的循环神经网络，能够提升神经网络接受输入信息及训练数据的记忆机制，让输出结果得到大幅度的提升。对于短文本中的第 t 个单词 w_t，首先模型将 w_t 映射到一个词向量 $x_t \in \mathbb{R}^d$，一个 LSTM 单元的输入为单词、上一输出隐状态、上一内存状态；输出为 h_t、c_t。具体公式如下：

$$
\begin{aligned}
i_t &= \sigma\left(W_i x_t + U_i h_{t-1} + b_i\right) \\
f_t &= \sigma\left(W_f x_t + U_f h_{t-1} + b_f\right) \\
\tilde{c}_t &= \tanh\left(W_c x_t + U_c h_{t-1} + b_c\right) \\
c_t &= f_t \odot c_{t-1} + i_t \odot \tilde{c}_t \\
o_t &= \sigma\left(W_o x_t + U_o h_{t-1} + b_o\right) \\
h_t &= o_t \odot \tanh\left(c_t\right)
\end{aligned}
\tag{5-1}
$$

对于普通的 LSTM，其存在一个缺点，即只能正向读取文本，因此本书使用能够双向读取文本的 Bi–LSTM 模型。Bi–LSTM 包含一个正向的 $\overrightarrow{LSTM}$，由 x_1 读取到 \[{x}_{y}\]，以及一个反向的 $\overleftarrow{LSTM}$，由 x_T 读取到 x_1：

$$
\begin{aligned}
x_t &= W_t w_t, & t &\in [1, T] \\
\vec{h}_t &= \overrightarrow{LSTM}\left(x_t\right), & t &\in [1, T] \\
\overleftarrow{h}_t &= \overleftarrow{LSTM}\left(x_t\right), & t &\in [T, 1]
\end{aligned}
\tag{5-2}
$$

① 　YANG Z, YANG D, DYER C, et al. Hierarchical Attention Networks for Document Classification [C]//KNIGHT K, NENKOVA A, RAMBOW O. *Proceedings of the 2016 Conference of the North American Chapter of the Association for Computational Linguistics: Human Language Technologies (NAACL 2016)*. San Diego, CA: ACL, 2016: 1480–1489.

经过这一层，模型将一个单词 x_t 转化为一个隐变量，将 $\overrightarrow{h_t}$ 与 $\overleftarrow{h_t}$ 拼接起来即为单个单词的表示，即 $h_t = \overrightarrow{h_t} \oplus \overleftarrow{h_t}$。由此得到了 $[h_1, h_2, \cdots, h_T]$，再将其传入一个平均池化层，则得到单个句子的表示 s。

5.3.2 基于表情符注意力机制的 Bi-LSTM 情感分类模型

为了表示表情符对文本的作用机制，本书提出表情符注意力机制，以建立表情符对文本作用的模型。对于一条微博，其每个词语对于情感极性影响是不同的，与表情符作用的效果也是不同的。表情符注意力机制用以衡量与表情结合后微博中词语的重要程度即权重。

对一条微博文本：$\{w_1, w_1, \cdots, w_T; E_1, E_2, \cdots, E_k\}$，其中 w_i 为微博中经过分词后的词语，E_j 表示微博中的表情符。首先，将 w_i 与 E_j 都转换为词向量的表示 $x_i \in \mathbb{R}^d, e_j \in \mathbb{R}^d$。这里 d 为词向量的维数。表情符的向量表示为：

$$v_e = \frac{1}{k} \sum_{t=1}^{k} e_t \qquad (5\text{--}3)$$

由于许多微博用户都会在同一条微博中发表多个同样的表情，此处对微博中的表情符向量取平均值，以防止单个表情符的权重过大，影响模型的效果。

其次，不同于 5.3.1，在本节中，令 $[h_1, h_2, \cdots, h_T]$ 为经过 Bi-LSTM 神经网络后，微博中纯文本 $\{w_1, w_2, \cdots, w_T\}$ 的表示，则整个句子的表示如下：

$$s = \sum_{t=1}^{T} \alpha_t h_t \qquad (5\text{--}4)$$

此处 α_t 表示了句子第 t 个词结合表情符后的重要程度，即模型表示的第 t 个词在句子中的注意力权重，α_t 的定义如下：

$$\alpha_t = \frac{\exp\big(\mathrm{score}\big(h_t, v_e\big)\big)}{\sum_{j=1}^{T} \exp\big(\mathrm{score}\big(h_j, v_e\big)\big)} \qquad (5\text{--}5)$$

score 为衡量单词与表情符组合后的重要程度的打分函数，**score** 的定义如下：

$$\mathrm{score}\big(h_t, v_e\big) = \boldsymbol{v}^{\mathrm{T}} \tanh\big(W_H h_t + W_E v_e + b\big) \qquad (5\text{--}6)$$

其中 W_H、W_E 为权重矩阵，b 为偏置向量，$\boldsymbol{v}$ 为权重向量，$\boldsymbol{v}^{\mathrm{T}}$ 表示 $\boldsymbol{v}$ 的转置。

5.3.3　优化目标

在引入表情符注意力作用机制后，模型得到文本的最终向量表示 s。为了对文本做情感分类，模型使用一个非线性函数把文本表示映射到一个目标类别空间。

$$d_c = \tanh\big(W_c s + b_c\big) \qquad (5\text{--}7)$$

然后，采用 softmax 函数来获取其情感分布。

$$p_c = \frac{\exp\big(d_c\big)}{\sum_{k=1}^{C} \exp\big(d_k\big)} \qquad (5\text{--}8)$$

其中 C 表示情感标签个数，p_c 表示情感标签 c 的预测概率。

模型采用交叉熵损失作用模型的损失函数。若 D 表示训练微博集，则基于表情符注意力机制的模型损失函数表示如下：

$$L = -\sum_{d \in D} \sum_{c=1}^{C} p_c^g(d) \log\big(p_c(d)\big) \qquad (5\text{--}9)$$

5.4　实验及分析

本节将详细介绍实验设置及实验过程。

5.4.1　数据集

为了训练和测试语料，实验把收集的语料使用 jieba 中文分词器进行分词，替换掉微博中的网址、用户及话题标签等。过滤掉长度小于 5 的微博文本。然后随机抽取其中的 1 万多条微博文本作为待标注微博，同时要求每个表情符出现的次数大于 10 次，去除重复以及表情符过少的微博后得到 6 905 条语料。在标注微博时，其情感标签分为三类：正性、中性和负性。语料及标注统计如表 5-1 所示：

表5-1　语料及标注统计

语　料	正　性	中　性	负　性
6 905	3 113	1 926	1 866
不同表情符个数	表情符出现总次数	个数 / 实例	
109	14 898	2.15	

5.4.2　实验设置

为了得到微博中词语与表情符的向量表示，本书采用抽取的 100 M 微博语料进行预训练。对上述语料进行分词与预处理后，普通词语与表情符号作为同类单词看待。单词向量表示采用 Skip-gram 模型[1] 预训练，词向量表示维度为 300，由此便可得到微博词语的向量表示与包含上下文信息的表情符向量表示。若模型运行时出现不在词向量词表中的词语或表情符，采用随机初始化。

微博文本的表示采用 Bi-LSTM 来学习。每个隐结点的向量为 100 维，微博每个单词的表示由双向的隐向量连接而成，因此每个单词的输出表

---

[1]　MIKOLOV T, SUTSKEVER I, CHEN K, et al. Distributed Representations of Words and Phrases and Their Compositionality [C]//BURGES C J C, BOTTOU L, WELLING M, et al. *Proceedings of the 26th International Conference on Neural Information Processing Systems-Volume 2.* Red Hook, NY: Curran Associates Inc., 2013: 3111-3119.

示为 200 维。训练时采用 ADADELTA 方法[①] 对参数进行优化。在每一次优化过程中，模型将更新权重矩阵、偏置向量、单词向量、表情符向量。训练次数为 100 次。

实验时标注语料按 8 ：1 ：1 分别分为训练集、开发集和测试集。采用准确度（accuracy）来表示评估实验的性能。

5.4.3　实验结果

本实验的主要目标是测试表情符对文本的作用，因此本实验给出三条基线。

（1）Emoji-based：仅用表情符自身极性作为判断依据。每个表情符的极性由人工标注得出。

（2）Bi-LSTM-text：纯文本输入 Bi-LSTM 情感分析网络模型。去掉微博中的表情符，以纯文本作为网络的输入，Bi-LSTM 得到的微博表示直接作为判断模型的特征向量。优化目标及训练方法与本书模型相同。

（3）Bi-LSTM-text-emoji：“纯文本＋表情符”输入的 Bi-LSTM 情感分析网络模型。保留微博中的表情符，把表情符和文本同时作为网络的输入，Bi-LSTM 得到的微博表示直接作为判断模型的特征向量。优化目标及训练方法与本书模型相同。

表 5-2 为各个模型的情感识别结果，表 5-3 为表情符注意力机制模型的不同情感文本的识别结果。

表5-2　情感识别结果

系　　统	准确度（％）
表情符本身极性	56.49
Bi-LSTM-text	68.51

---

① ZEILER M D. ADADELTA: An Adaptive Learning Rate Method [EB/OL].(2012-12-22) [2021-04-10]. https://arxiv.org/pdf/1212.5701.

Bi-LSTM-text-emoji	70.80
Emoji-attention Bi-LSTM	74.86

表5-3　表情符注意力机制模型的不同情感文本的识别结果

系　统	类　别	P（%）	R（%）	F（%）
Bi-LSTM-text	正性	76.05	71.11	73.49
	中性	66.57	51.71	58.21
Bi-LSTM-text	负性	60.64	80.00	68.99
Bi-LSTM-text +emoji	正性	73.10	77.44	75.21
	中性	64.46	64.06	64.26
	负性	74.75	69.57	72.07
Emoji-attention Bi-LSTM	正性	78.21	76.57	77.38
	中性	65.35	71.66	69.36
	负性	80.82	74.49	77.53

5.4.4　实验分析

表5-2显示了各个模型的识别准确度。从表中可以发现，把表情符引入模型后，识别性能相比只输入纯文本的模型从68.51%提升至70.80%，主要是因为在微博文本中存在许多搞怪、自嘲及讽刺的文本，表情符的加入引起文本的情感极性的改变，但单纯从文本识别不出来。比较基于注意力模型与非注意力的表情符模型，基于注意力的模型准确率上升至74.86%，可以看出基于表情符的注意力机制能更为有效地表达文本的情感。

在表5-3中，中性情感的微博准确率依然较低，这是因为中性微博中含有部分具有倾向的词语和表情符，同时文本本身又不具有倾向性；另一个原因是部分用户对于表情符的使用比较随意，使用与正文无关的表情符。以下两句话是实际上为中性但识别为正面的微博：

（1）人生就像一座火山，当你生气和愤怒时它会爆发，当你高兴和欢乐时它😝会喷出地下泉，浇灌脚下的花花草草。

（2）🙏不敢大意……

表 5-2 显示基于表情符注意力机制模型要好于表情符做特征的模型。为了验证注意力模型对不同情感极性微博的影响，表 5-3 给出对不同情感极性的微博的识别精度，可以看出添加表情符后，极性为负的准确率有较大提升，超过了极性为正的识别率，而中性极性准确率最低，说明负性表情符对文本极性影响最大；表情符对中性微博准确率影响不大，但显著提升了召回值。

下面表 5-4 给出几个例子，Emoji-attention Bi-LSTM（LSTM-EA）模型能够识别，而 Bi-LSTM-text+emoji（LSTM-E）没有识别出来。

表5-4　部分模型识别不同的结果

序　号	文　本	LSTM-EA	LSTM-E	真　值
（1）	我不介意秀恩爱，但我介意秀恩爱刷屏，对不起单身狗就是这么直接靴靴😶😶😶	负面	正面	负面
（2）	不好意思，我悟性低，你的当头一棒并没有敲醒我，反而敲走了我对你的敬爱和感激，谢谢😶	负面	正面	负面
（3）	【两车当街对撞互不相让一车主冲下车后画风突变！😷】3 日，网友晒出视频：河南驻马店某路口，一红一白两车当街顶牛，互不相让。在两车连续互撞两次后，红车司机下车与白车司机交谈。随后画风突变，红车司机上车，白车倒车，两人面带笑容，各自离开！PS：驻马店的老铁，没法理解～🙅…	正面	负面	正面
（4）	哈哈哈～想起上次南坪大雨 3 天出不来坐阳台上钓鱼的，我大 cq 人民真可爱😝顺带鄙视某些想吃人血馒头胡乱放飞的 //@ 暮冥战机：感谢旅客们的支持和理解！	正面	负面	正面

这里（1）与（2）都是明显的反讽的例子，此时 LSTM-E 模型仅将各词语的向量平均起来作为分类器的输入，产生了错误的预测。而 LSTM-EA 模型由于考虑到各词语的权重不同，预测正确。而例子（3）与（4）LSTM-E 预测错误也是因为只考虑了微博中一些负面词语，而忽视了整体情感需要的作用。

由于在微博中存在许多反讽以及类似上面"话锋一转"的例子，因此本书所提出的模型是具有优越性与实用价值的。

上面实验说明了本书所提出的模型性能显著优于仅考虑纯文本的模型，也优于只将表情符作为特征的模型，其主要原因是表情符改变或加强了文本的极性，同时表情符注意力模型也发掘出了文本内部的语义权重，提升了识别效果。

5.5　本章小结

本书以表情符对文本的情感表达起着重要作用这一认知事实，提出基于表情符注意力机制的情感分析模型。实验结果显示，表情符注意力机制能有效识别微博情感极性，并且准确率与 F 值都超越了仅将表情符作为特征加入神经网络的方法，取得了较好的结果。

第6章 基于 Bi-LSTM-CRF 的微博情绪诱因抽取及情绪识别

在社交媒体中，情绪诱因抽取与情绪识别是社媒分析中两个重要的研究任务。本章以微博为媒介，研究利用表情符来联合分析情绪诱因抽取及情绪识别，并提出一个统一框架的联合神经网络模型。

6.1 动 机

情绪分析是自然语言处理领域特别是社交媒体领域非常重要的研究内容之一。其主要研究文本所蕴含的情绪及与情绪相关的深层信息。目前文本的情绪分析主要集中在情绪识别任务上，如文本的情绪极性分析，即判断文本是正面、中性或者负面情感；或判断文本是高兴、喜欢、讨厌等情绪。

为了实现深层次的文本情绪理解，情绪诱因抽取已成为情绪分析中新的热点问题，所谓情绪诱因抽取就是针对文本中出现的被描述者的情绪，抽取出触发被描述者情绪产生的原因信息。当前对情绪诱因抽取的方法主要分为两类：一类是基于规则的方法，主要是通过语法规则构造情绪诱因与情绪之间的模板进行情绪诱因的抽取；另一类是基于统计的方法，主要通过条件随机场和支持向量机分类器等方法进行情绪诱因的抽取。

这些诱因抽取方法假设情绪已经识别出来，即把情绪识别及诱因抽取看作两个独立的任务，容易导致错误在任务间的传播问题。然而情绪识别及诱因抽取是相互关联的。一方面，情绪识别依赖于诱因；另一方面，诱因抽取要求知道情绪类别。因此，诱因抽取及情绪识别的联合是自然的，它能有效减少串行模型所导致的错误传播问题。

当前微博已成为使用最广泛的社交媒体之一，其已成为情绪分析的主要对象内容之一。微博不同于规范文本采用文本表达情绪，它通常采用表情符来表达情感或情绪。如下两则微博：

（1）等了好久😋终于吃到了门口的网红蛋糕

（2）学校外面的云南米线这么难吃，居然还说正宗的😋

在这两则微博中，情绪都是通过表情符来表达的。在微博（1）中表情符表达了博主"高兴"的心情，子句2为其诱因；在微博（2）中，表情符表达了博主"悲伤"的心情，子句1为其诱因。显然诱因与表情符所表达的情绪有着直接关联。虽然许多工作把表情符直接看作一种固定的情绪表达，但研究显示，如上面两个微博例子，表情符并不仅表达一种情绪，它类似单词，也存在多种情绪表达，因此对表情符的情绪识别也是非常重要的。[①]

基于微博文本的特点，本研究提出情绪诱因抽取及表情符情绪识别的联合模型，该模型把情绪诱因抽取看作一个序列标注任务，把表情符情绪识别也看作一个序列标注任务，进而二者形式化为一个统一的序列标注任务。该模型采用双向循环神经网络（Bi-LSTM）模型[②]与条件随机场（Conditional Random Fields，CRF）模型[③]联合进行训练。它充分利用了远距离信息及全局特征，同时避免了复杂的特征工程。为了训练和评测模型，本书同时构建了一个基于微博的情绪诱因语料库。

---

① MATSUMOTO K, FUJISAWA A, YOSHIDA M, et al. Emotion Recognition of Emoticons Based on Character Embedding[J]. *Journal of Software*, 2017, 12(11):849−857.

② SCHUSTER M, PALIWAL K K. Bidirectional Recurrent Neural Networks[J]. *IEEE Transactions on Signal Processing*，1997，45(11): 2673−2681.

③ LAFFERTY J D, MCCALLUM A, PEREIRA F C N. Conditional Random Fields: Probabilistic Models for Segmenting and Labeling Sequence Data[C]//BRODLEY C E, DANYLUK A P. *Proceedings of the 18th International Conference on Machine Learning*. San Francisco, CA: Morgan Kaufmann Publishers Inc., 2001: 282−289.

6.2　相关工作

　　情绪诱因任务由李（Lee）等人在 2010 年首次提出，他们使用的方法是基于规则模板的方法，对于数据集出现的情绪诱因的语法结构进行规则集的构造，从而进行诱因的提取。① 陈（Chen）等人和拉索（Russo）等人开始在基于规则模板的基础上又加上了情绪诱因与情感表达之间的位置关系。②③ 然而，规则很难覆盖所有的语言现象，而且规则之间很容易出现难以发现的矛盾，最重要的是规则往往针对某个特定领域的文本而难以适用于其他领域的文本。随着统计学的方法在自然语言处理领域任务表现越来越好，袁丽通过对语言学线索词、句子距离、候选词词法等特征构建特征向量，应用支持向量机分类器和条件随机场对文本的情感原因进行了判别。④ 加齐（Ghazi）等人在 2015 年使用了条件随机场进行情绪诱因的抽取，但是局限于必须含有情感表达的描述且描述内容与情

① LEE S Y M, CHEN Y, LI S, et al . Emotion Cause Events: Corpus Construction and Analysis [C]//CALZOLARI N, CHOUKRI K, MAEGAARD B, et al. *Proceedings of the 7th International Conference on Language Resources and Evaluation (LREC'10)*. Valletta, Malta: ELRA, 2010:1121−1128.

② CHEN Y, LEE S Y M, LI S, et al. Emotion Cause Detection with Linguistic Constructions[C]//HUANG C, JURAFSKY D. *Proceedings of the 23rd International Conference on Computational Linguistics (COLING 2010)*. Beijing: COLING 2010 Organizing Committee, 2010:179−187.

③ RUSSO I, CASELLI T, RUBINO F, et al . EMOCause: An Easy Adaptable Approach to Emotion Cause Contexts[C]//BALAHUR A, BOLDRINI E, MONTOYO A, et al. *Proceedings of the 2nd Workshop on Computational Approaches to Subjectivity and Sentiment Analysis*. Portland, OR: ACL, 2011: 153−160 .

④ 袁丽 . 基于文本的情绪自动归因方法研究 [D]. 哈尔滨 : 哈尔滨工业大学 , 2014: 49−60.

绪诱因在同一个子句当中。① 最近，基于神经网络的方法被应用在该任务，桂（Gui）等人将情绪诱因任务看作一个 Q-A 的问题，采用了深度卷积神经网络的模型进行训练，得到了不错的结果。② 慕永利等人则采用了集成的卷积神经网络的模型，将情感诱因看作子句级别上的分类问题进行训练与测试，在自己标注的数据集上得到了超过普通方法的结果。③

诱因抽取通常可看作一个序列标注任务，当前对序列标注采用的方法通常是隐马尔可夫模型（Hidden Markov Model，HMM）④、CRF 等，特别是 CRF 充分利用上下文信息及全局优化达到了较好性能。但 CRF 模型通常采用人工设计的特征，可能导致复杂的特征工程，并且不能充分利用远距离信息。当前循环神经网络模型（RNN）由于减缓了复杂的特征工程及充分利用上下文信息已广泛应用于序列标注问题，特别是它的变种 Bi-LSTM 与 CRF 结合所形成的 Bi-LSTM-CRF 模型⑤ 结合了二者的优点，在序列标注问题，如命名实体识别、词性标注、句法解析等方面取得了较好的效果。

当前，研究人员已建设了一些情绪诱因语料。⑥ 但它们都是针对规范

① GHAZI D, INKPEN D, SZPAKOWICZ S. Detecting Emotion Stimuli in Emotion-Bearing Sentences[C]//GELBUKH A F. *Proceedings of the 16th International Conference on Intelligent Text Processing and Computational Linguistics*. Berlin: Springer, 2015: 152-165.

② GUI L, HU J, HE Y, et al. A Question Answering Approach for Emotion Cause Extraction [C]//PALMER M, HWA R, RIEDEL S. *Proceedings of the 2017 Conference on Empirical Methods in Natural Language Processing*. Copenhagen: ACL，2017: 1593-1602.

③ 慕永利，李旸，王素格. 基于 E-CNN 的情绪原因识别方法 [J]. 中文信息学报，2018, 32(2): 120-128.

④ RABINER L R. A Tutorial on Hidden Markov Models and Selected Applications in Speech Recognition[M]//WAIBEL A, LEE K. *Readings in Speech Recognition*. San Franciscso, CA: Morgan Kaufmann Publishers Inc., 1990: 267-296.

⑤ 张子睿，刘云清. 基于 BI-LSTM-CRF 模型的中文分词法 [J]. 长春理工大学学报 (自然科学版), 2017, 40(4): 87-92.

⑥ GUI L, WU D, XU R, et al. Event-Driven Emotion Cause Extraction with Corpus Construction[C]//SU J, DUH K, CARRERAS X. *Proceedings of the 2016 Conference on Empirical Methods in Natural Language Processing (EMNLP 2016)*. Austin, TX: ACL, 2016: 1639-1649.

文本，而对社交媒体如微博等缺少相关诱因标注语料。本章针对微博文本情绪表达的特点，构建一个较大模型的标注语料，并采用机器学习进行诱因及情绪联合分析。

6.3　微博情绪诱因语料构建

由于缺少公开基于中文微博的关于情感诱因抽取的数据集，因此本书将通过人工标注方式建立一个情绪诱因及表情符情感的微博数据集。本节将首先介绍标注方案，然后给出标注语料的统计信息。

6.3.1　标注方案

慕永利等人在对规范文本标注时把诱因抽取看作子句的识别，即把含有诱因表达所在的子句整体标注为诱因，本书也采用此标注方案。[①] 此外由于微博通常用表情符来表达情绪，因此对微博的情绪识别可看作对表情符的情绪识别，于是可以情绪标签标注在表情符上。情绪标签采用常用的情绪分类法，分为 7 类，包括高兴（happiness）、悲伤（sadness）、惊讶（surprise）、害怕（fear）、厌恶（disgust）、愤怒（anger）和无情感（none）。

例子（1）、（2）的标注格式分别如下：

"等了好久 <emoji id=0 label=happiness> 🌙 </emoji>，<cause emoji=[0]> 终于吃到了门口的网红蛋糕 </cause>"

"<cause emoji=[0]> 学校外面的云南米线这么难吃 </cause>，居然还说正宗的 <emoji id=0 label=sadness> 🌏 </emoji>"

其中 cause 标签内文本表示诱因，其中 emoji 属性表示它属于哪个emoji 的诱因，emoji 标签表示表情符，其包含两个属性：id 及情绪 label。

① 慕永利，李旸，王素格 . 基于 E-CNN 的情绪原因识别方法 [J]. 中文信息学报，2018, 32(2): 120-128 .

6.3.2　语料构建

本研究首先在新浪微博上随机爬取了 2017 年 7 月至 2017 年 10 月间的微博文本共 27 000 篇，将文本长度小于 5 个字（英文以单词计数，不包括标点符号）的文本、不包含表情符的文本、广告性质的文本和重复的文本剔除后获得了 6 771 篇待标注的微博文本；然后对筛选后的 6 771 篇微博文本进行人工标注，每一处表情符的分类由两名标注者进行标注，不统一的再由第三名标注者进行判定，再由决定了表情符分类的标注者标注该表情符对应的情感诱因，情感诱因以子句为单位进行标注，最后得到一个语料数据集。该数据集包含 9 386 个表情符、29 061 个子句，其中诱因子句为 10 465 个。表 6-1 显示了不同情绪类别下的表情符个数与诱因。

表6-1　不同情绪类别下的表情符个数与诱因统计

情　绪	表情符个数	诱因子句个数	情　绪	表情符个数	诱因子句个数
高兴	4 411	5 464	厌恶	395	430
悲伤	2 261	2 878	愤怒	409	451
惊讶	610	719	无情感	829	0
害怕	471	523			

由于表情符存在歧义表达，即使同一种表情符在不同的语境中很有可能表达出不同的情绪，因此本书对数据集中出现次数最多的 10 个表情符的情绪类别进行了统计，结果如表 6-2 所示，从表中可以看出一种表情符往往包含超过一种情绪，这说明表情符表达出的情感除了自身的意义外很大程度上还受上下文的情绪影响，从一定程度上能够反映出上下文的情绪，而上下文的情绪与情绪诱因之间是相互关联的。

表6-2　表情符情绪类别分布

表情符	高　兴	悲　伤	惊　讶	害　怕	厌　恶	愤　怒	无情感
	35.26	64.53	0.21	0.00	0.00	0.00	0.00
	66.89	2.99	0.00	0.00	0.00	0.00	30.11
	38.48	18.86	19.24	1.14	1.90	2.67	17.71
	21.39	22.43	23.75	5.79	2.37	3.69	20.58
	60.87	34.03	0.00	4.85	0.24	0.00	0.00
	69.11	20.86	0.28	2.79	0.00	5.57	1.39
	25.07	61.28	2.79	8.36	1.95	0.56	0.00
	87.61	0.00	0.00	0.00	0.00	0.00	12.39
	6.03	66.67	14.18	0.00	7.09	1.77	4.26
	92.06	0.00	7.94	0.00	0.00	0.00	0.00

6.4　基于 Bi-LSTM-CRF 的联合模型

6.4.1　CRF 模型

已有研究大多将情感诱因抽取看作一个子句层级上的分类问题，但分类问题会割裂子句与子句之间的全局关联。本书提出把诱因抽取看作一个标注问题，从词级别可设置为三个标签：B-cause、I-cause、O。其中 B-cause、I-cause 联合来标注诱因子句，B-cause 表示诱因子句的第一个词，I-cause 表示诱因子句的其他部分，O 表示非诱因子句。对表情符的情感识别也可看标注问题，其标签即情绪类别，可分别表示为 happiness、sadness、fear、anger、surprise、disgust、none。综合两类标注问题，本研究可自然将其统一为一个标注问题。其标签即两类标注问题的标签集合。对于例（2），其标注结果见图 6-1。

学校	外面	的	云南	米线
B-cause	I-cause	I-cause	I-cause	I-cause

这么	难吃	，	居然	还	说	正宗	的	
I-cause	I-cause	O	O	O	O	O	O	sadness

图 6-1　微博例（2）的标注结果图

因此，本研究可将诱因抽取与情绪识别形式化为联合的条件随机场（CRF）模型，CRF 模型更多关注的是一个序列的整体性，它通过考察序列的联合概率进行判别，因此能够有效地考虑到上下文的标签信息和全局信息。对于例（2），图 6-2 给出基于 CRF 的网络结构图。

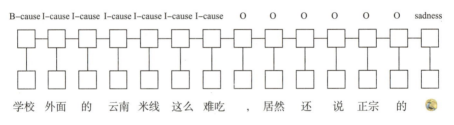

图 6-2　微博例（2）的 CRF 的网络结构图

6.4.2　Bi-LSTM-CRF 模型

Bi-LSTM-CRF 结合了 Bi-LSTM 模型与 CRF 模型的优点，在序列标注问题，如命名实体识别、词性标注、句法解析等方面取得了较好效果。本书将采用 Bi-LSTM-CRF 进行联合诱因抽取与情绪识别。图 6-3 给出该模型对于微博例（2）的框架。

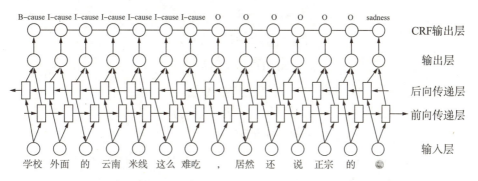

图 6-3 　 微博例（2）Bi-LSTM-CRF 模型结构图

在联合诱因识别与情绪分类任务中，其输入微博由单词和表情符序列组成，记作 $X = (x_1, x_2, x_3, \cdots, x_n)$；输出为 $Y = (y_1, y_2, \cdots, y_n)$，即输入单词和表情符所对应的标签。

基于 Bi-LSTM-CRF 的联合模型分为三层，分别为输入层、Bi-LSTM 层、CRF 层。

输入层：输入层之前会将微博通过 Word2Vec 预先训练好的词向量集合进行转换，将每个词语和表情符变成一个低维的空间向量 x_t，它们的集合即模型的输入 $X = (x_1, x_2, x_3, \cdots, x_n)$；

Bi-LSTM 层：该层为双向长短时记忆模型，是一种特殊循环神经网络（RNN）模型，主要用来处理序列数据，这一模型在自然语言处理中得到了广泛应用。LSTM 能够提升神经网络接受输入信息及训练数据的记忆机制，让输出结果得到大幅度的提升。对于短文本中的第 t 个单词 w_t，首先将 w_t 映射到一个词向量 $x_t \in \mathbb{R}^d$，一个 LSTM 单元的输入为单词、上一输出隐状态 h_{t-1}、上一内存状态 c_{t-1}；输出为 h_t。具体公式如下：

$$i_t = \sigma\left(W_i x_t + U_i h_{t-1} + b_i\right)$$
$$f_t = \sigma\left(W_f x_t + U_f h_{t-1} + b_f\right)$$
$$\tilde{c}_t = \tanh\left(W_c x_t + U_c h_{t-1} + b_c\right)$$
$$c_t = f_t \odot c_{t-1} + i_t \odot c_t \qquad (6\text{-}1)$$
$$o_t = \sigma\left(W_o x_t + U_o h_{t-1} + b_o\right)$$
$$h_t = o_t \odot \tanh\left(c_t\right)$$

对于普通的 LSTM，其存在一个缺点，即只能正向读取文本，因此本书使用能够双向读取文本的 Bi-LSTM 模型。Bi-LSTM 包含一个正向的 $\overrightarrow{LSTM}$，由 x_1 读取到 \[{x}_{T}\]，以及一个反向的 $\overleftarrow{LSTM}$，由 x_T 读取到 x_1：

$$x_t = W_t w_t, \qquad t \in [1, T]$$
$$\overrightarrow{h_t} = \overrightarrow{LSTM}\left(x_t\right), \ t \in [1, T] \qquad (6\text{-}2)$$
$$\overleftarrow{h_t} = \overleftarrow{LSTM}\left(x_t\right), \ t \in [T, 1]$$

经过 Bi-LSTM 层，模型将单词 x_T 转化为隐变量，将 $\overrightarrow{h_t}$ 与 $\overleftarrow{h_t}$ 拼接起来就是单词的隐变量表示，即 $h_t = \overrightarrow{h_t} \oplus \overleftarrow{h_t}$，由此得到了整个微博的隐层输出 $H = [h_1, h_2, \ldots, h_T]$。

CRF 层：该层将上一层得到的输出 H 作为输入，得到观测序列 X 和与其标注序列 T 的预测输出。假设 CRF 层的状态转移矩阵为 A，其中 $A_{i,j}$ 表示从第 i 个状态转移到第 j 个状态的概率，Bi-LSTM 神经网络的输出为 H，其中 $H_{i,j}$ 表示观测序列中的第 i 个词标记为第 j 个标签的概率。因此对于观测序列 $X = \left(x_1, x_2, x_3, \cdots, x_n\right)$ 和对应的标注序列 $Y = \left(y_1, y_2, \cdots, y_n\right)$ 的预测输出为：

$$s(x, y) = \sum_{i=1}^{n} \left(A_{y_i, y_{i+1}} + H_{x_i, y_i}\right) \qquad (6\text{-}3)$$

6.4.3　训练过程

模型训练采用最大条件似然估计，对于输入 x 预测其标签 y 的概率表示：

$$p(y|\ x;\theta) = \frac{s(x,y)}{\sum\limits_{y \in Y} s(x,y')} \qquad (6-4)$$

给定一个训练集，其优化目标就是最大化其对数似然估计函数：

$$\arg\max_{\theta} \sum_{\{x_i,y_i\}} \log p(y_i|\ x_i;\theta) \qquad (6-5)$$

模型使用随机梯度下降方法来进行前向传播和后向传播的训练过程，具体算法如下。

输入：数据集，单词向量集 V，参数 θ，迭代次数 k

输出：参数 θ

for 1 to k

　　for 每一个训练微博子集

　　　　Bi-LSTM 模型的前向传播：

　　　　　　正向 LSTM 过程传播

　　　　　　反向 LSTM 过程传播

　　　　　　输出隐层变量 H

　　　　CRF 层将 H 作为输入进行前向传播和后向传播

　　　　Bi-LSTM 模型的后向传播：

　　　　　　正向 LSTM 过程传播

　　　　　　反向 LSTM 过程传播

　　　　更新模型参数 θ

6.5　实验及分析

6.5.1　数据参数设置

实验数据为本书前面所提人工标注数据集，共 6 771 个实例。实验评估方式以常用的序列标注评价指标准确率、召回率、F 值作为评价标准。需要说明的是，本书假设情感诱因以子句为基础单位，所以在计算情感诱因的指标时，将模型计算得到的序列按子句进行拆分，覆盖超过三分之二子句长度的部分会补全成整个子句，补全完成后再进行上述指标的计算。实验过程中，对数据集中的数据采用十折交叉检验的方法，求得各个指标的值。

模型的输入采用 Word2Vec 来表示文本的词向量，训练过程中采用反向传播方法进行参数调整，损失函数采用交叉熵损失函数。通过进行大量实验及参数调整后，获得的超参数设置如下：词向量维数 d 为 200，隐藏层单元数为 300，学习率为 0.01，dropout 的百分比为 50%，迭代次数为 80。

6.5.2 实验结果

作为对比，实验中采用以下模型与本实验模型进行比较。

（1）串行 Bi-LSTM-CRF 模型：将情绪诱因抽取和表情情绪识别看作两个单独的序列标注问题，使用 Bi-LSTM-CRF 模型先进行表情符情绪识别，再做诱因抽取。

（2）串行标注 – 分类模型：将情绪诱因抽取看作序列标注问题，表情情绪识别看作分类问题，先使用 CNN 模型进行表情符情绪识别，再使用 Bi-LSTM-CRF 模型进行诱因抽取。

（3）联合 CRF 模型：将情绪诱因抽取和表情情绪识别看作统一的序列标注问题，使用 CRF 模型。

已有研究显示 Bi-LSTM-CRF 模型在序列标注任务中达到了最好性能，因此本书未与其他如 HMM、SVM 等模型做比较。[①]

表 6-3 给出了实验结果。从表中可以看出，本书所提联合 Bi-LSTM-CRF 模型达到了最好性能。比较串行 Bi-LSTM-CRF 模型，本书模型在情绪识别上 F 值提升 17.04%，在诱因抽取上 F 值提升 4.91%，说

---

① HUANG Z, XU W, YU K. Bidirectional LSTM-CRF Models for Sequence Tagging[EB/OL]. (2015-08-11)[2021-12-27]. https:// arxiv.org/ pdf /1508.01991.

明本书联合模型充分利用了彼此信息，减缓了串行模型所导致的错误传播问题。比较联合 CRF 模型，情绪识别 F 值提升 9.87%，诱因抽取 F 值提升 11.58%，可以看出 Bi–LSTM 较有效利用远距离信息，同时克服了复杂的特征工程。此外，对比两个串行模型，Bi–LSTM–CRF 比 CNN 模型在情绪识别时性能有所提升，说明 Bi–LSTM–CRF 比 CNN 模型在序列识别任务时效果较好。

表6–3　不同方法的实验结果比较

系　统	情绪识别			诱因抽取		
	P	R	F	P	R	F
串行 Bi–LSTM–CRF 模型	0.580 8	0.571 9	0.576 3	0.781 4	0.765 7	0.773 5
串行标注 – 分类模型	0.691 2	0.672 0	0.681 5	0.762 9	0.749 7	0.756 2
联合 CRF 模型	0.653 9	0.642 2	0.648 0	0.711 6	0.702 1	0.706 8
联合 Bi–LSTM–CRF 模型	0.748 9	0.744 5	0.746 7	0.827 3	0.818 0	0.822 6

为了进一步比较联合模型与串行模型的不同，实验分别给两种模型不同情绪类别的 F 值。表 6–4 给出了实验结果，可以看出联合模型比串行模型性能更好，特别是高兴、悲伤的情绪识别与诱因抽取的 F 值明显高于串行模型，可能是高兴、悲伤的语料最多，使得模型训练效果更好。

表6–4　情绪类别在不同模型下的实验结果

情绪类别	联合 Bi–LSTM–CRF 模型		串行 Bi–LSTM–CRF 模型	
	情绪识别	诱因抽取	情绪识别	诱因抽取
高兴	0.848 9	0.848 9	0.613 8	0.798 9
悲伤	0.756 6	0.818 5	0.570 7	0.777 2
惊讶	0.545 5	0.842 1	0.558 1	0.736 8
害怕	0.666 7	0.800 0	0.500 0	0.600 0

情绪类别	联合 Bi-LSTM-CRF 模型		串行 Bi-LSTM-CRF 模型	
	情绪识别	诱因抽取	情绪识别	诱因抽取
厌恶	0.333 3	0.666 7	0.333 3	0.666 7
愤怒	0.363 6	0.847 5	0.472 7	0.745 8
无情感	0.463 8	0.719 4	0.467 2	0.676 3

在微博中表情符表达用户的情绪。为了进一步分析不同表情符与诱因的关系，实验给出出现频次最高的几个表情符的测试结果，见图 6-4。可以看出表情符😺😿性能较差，说明了这两个表情符语义表达更丰富，使得消歧难度更大。

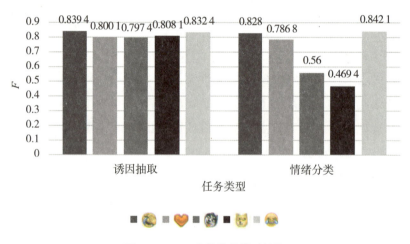

图 6-4　不同表情符的模型性能

6.5.3　讨论分析

实验结果显示联合模型比串行模型性能有较大提升，主要是因为联合模型充分利用两者的信息，减缓了串行模型所产生的错误传播问题，图 6-5 给出联合 Bi-LSTM-CRF 模型与串行 Bi-LSTM-CRF 模型的识别结果。其中联合 Bi–LSTM–CRF 模型的识别结果为正确结果，而串行 Bi–LSTM–CRF 模型由于表情符错误识别为 sad，从而诱因抽取错误。

等	了	好久		终于	吃
O	O	O	happiness	B–cause	I–cause
到	了	门口	的	网红	蛋糕
I–cause	I–cause	I–cause	I–cause	I–cause	I–cause

（a）联合 Bi–LSTM–CRF 模型

等	了	好久		终于	吃
B–cause	I–cause	I–cause	sadness	O	O
到	了	门口	的	网红	蛋糕
O	O	O	O	O	O

（b）串行 Bi–LSTM–CRF 模型

图 6-5　模型输出实例结果比较

6.6　本章小结

　　情绪诱因是情绪分析中相当重要的一项内容，能够使人进一步理解文本中的情绪特征，而微博文本中的表情符可以表达出这一部分文本的情绪。本书针对微博的文本特征，提出一个联合的情绪诱因和表情符情绪识别模型，该模型把情绪诱因和表情符情绪识别统一成一个序列标注任务，采用 Bi–LSTM–CRF 模型，不仅避免了复杂的特征工程，而且充分利用远距离信息和全局信息，与串行模型相比在诱因抽取任务上 F 值提高了 4.91 个百分点，在表情符情绪识别的任务上 F 值提高了 17.04 个百分点的性能。结果显示联合模型充分解决了串行服务的错误传播问题，有效地提高了系统的性能，对下一步进行更深层的文本情绪分析提供了帮助。不过模型仍有不足，现在本章对于情绪诱因只能够进行粗粒度的抽取，下一步，将从语义事件的角度深度分析诱因的构成与情绪类别的关系。

下 篇

社交媒体文本规范化

第7章　社交媒体中的文本非规范化拼写

7.1　社交媒体文字语言特征及面临的问题

随着 Internet 的发展，互联网已成为网民日常使用的信息传播与交流平台。各种社交软件，如微信、QQ、脸书、微博、推特的出现和迅猛发展，促使人类使用网络的方式发生了巨大的变化。各类社交媒体平台已成为人际交往、自我表达、社会分享与社交参与的重要媒介及社会公共舆论、企业品牌和产品推广、传统媒体传播的重要平台。

社交媒体，如微博、微信等快速传播的特性决定了它们的文本不同于其他规范文本，如新闻、博客等。它主要表现为句子简短、单句多、口语化严重。这些表现形式使得它含有大量非规范性的语言文字，这也是社交媒体语言的一个重要特点。这种非规范性文字的出现有以下几个方面的原因：一方面是非人为的原因造成的输入失误或常识上的汉字书写错误，如在使用拼音输入法时按拼音打出来而出错的，而这种错别字是与正确字词同音的；方言俚语输入时由于找不到对应的汉字，直接采用拼音相同的汉字表示。另一个最重要的方面是纯规范文本通常不具备社交属性。用户为了表达某种情绪或追求娱乐性，会人为地加入一些噪声、非规范词、非规范符号和非规范语言格式，从而使文本具有交际功能。本质上这种非规范文本是一类特殊的非语言成分。

非规范化的社交媒体文本能产生意想不到的效果，使得文本具有社交功能。下面给出几个典型的微博社交媒体中的例子。

（1）今天天气好好哦，所以 LULU 的心情也灰常灰常滴晴朗。

（2）看完之后想说，鸡毛秀真是丧心病狂！

（3）清理一些围脖腊鸡，心情大好！

（4）美眉，你好，在哪儿？

从上面的例子可以看出，这几个社交媒体文本包含了非规范词，如例子（1）中不规范的用词有灰常（非常）、滴（的）；例子（2）中不规范的用词有丧心病狂（干得漂亮）；例子（3）中不规范的用词有围脖（微博）、腊鸡（垃圾）；例子（4）中不规范的用词有美眉（美女）。

显然，非规范词的使用使这些社交媒体文本具有更丰富的社交属性，如在例子（1）中"灰常灰常滴"展示了一个天真可爱、心情放松的博主的形象；例子（2）采用夸张的手法来形容这场鸡毛秀是真的漂亮；例子（3）通过谐音"围脖腊鸡"，进一步表现博主愉悦的好心情；例子（4）中"美眉"的使用，瞬间拉近了交流者之间的距离。

社交媒体非规范用词主要表现在如下几个方面：

①大量使用方言字词。

②大量使用错别字。

③借用汉字音译的外文词。

王（Wang）等人根据词汇非规范化的特征，把非规范词主要分为了三类：语音替换、缩写和释义。表7-1分别给出了不同类型的非规范词例子。

表7-1 中文微博非规范词类型

类 型	非规范词	规范词	例 子
语音替换	木有 孩纸 bs	没有 孩子 鄙视	开发区木有出租车 起床了孩纸 我 bs 你
缩写	桌游 剧透	桌面游戏 剧情透露	来桌游吧 不要剧透了
释义	给力 秒杀	很棒 迅速购买	真给力啊 速度秒杀它

虽然社交媒体中非规范文本的使用提升了社交属性，但大量非规范

用语的运用使传统 NLP 工具在处理这些文本时性能较低，如采用传统的分词工具对微博进行分词时，由于存在大量的非规范词，其性能非常低。例如，微博"菇凉你粗名啦"，其规范文本为"姑娘你出名啦"。Stanford 分词器对该微博的分词结果如图 7-1 所示。

菇凉　你　粗　名　啦

图 7-1　Stanford 分词器分词结果

显然该分词结果是错误的。分词的错误会导致后面的文本分析出错。例如，图 7-2 给出了谷歌翻译对该微博的翻译结果，该翻译结果显然也是错误的。导致以上这些错误的原因主要是该社交媒体文本包含多个非规范词，而传统的 NLP 工具并不能很好地处理这些非规范现象。

菇凉你粗名啦。
Mushroom cool you were
thick.

Automatically Translated

图 7-2　谷歌翻译结果

为了解决这种非规范性问题，许多研究者提出一个解决思路，即先把文本规范化，转化成规范文本，然后在规范文本上进行文本分析处理。本章下面首先介绍文本规范化问题定义，然后介绍文本规范化研究现状。

7.2　文本规范化问题定义

文本规范化目标是把非规范的文本转化为规范的文本，其输入的是一个非规范化的文本，经过规范化的处理，其输出的是一个规范化的文本。

文本规范化本质是拼写修正，但两者又是有区别的。拼写修正主要是从词法或语法的角度来分析并修正错误，它把非规范词看作一个词法或语法错误。但是文本规范化主要是从语义的角度来研究，它把非规范词看作一种正常的词义变化，如语音替换、缩写和释义等。

107

通常，文本的规范化从处理粒度来分，可分为三类：基于词的规范化、基于短语和句子的规范化、基于段落和篇章的规范化。由于基于词的规范化是其他规范化的基础，本书主要研究基于词的文本规范化问题。

词的文本规范化是一个具有挑战性的问题，其主要是由于社交媒体中存在大量的非规范词，其表现为新词新义，每天海量的社媒产生的新词数量也是极大的。因此采用传统的词典处理社交媒体非规范词是不可能的。在进行文本规范时，其通用处理流程：首先要识别非规范词，再找出候选规范词，最后规范化及应用。其处理流程见图 7-3：

图7-3 文本规范化通常的处理流程

文本规范化通常按以上三个步骤来处理，第一步是非规范词识别，在英文文本中，非规范词一般是 OOV 词（词典外的词），非规范词的识别是一个新词的识别任务。而中文社交媒体的非规范词不仅包含 OOV 词，还包含大量的 IV 词（词典内的词）。例如，上一节例子中的非规范词"围脖、果酱"等就是 IV 词，其本质是产生的一个新的词义。因此，在中文社交媒体中非规范词的识别可以看作一个词义消歧的过程。传统的词义消歧方法需要辅助的词义词典，但辅助的词义词典并不能适应社交媒体文本的词义消歧，因此必须自动从大规模语料中学习出词义，然后利用学习的词义与传统的词典进行比较，判断该词是否存在一个新的词义，如存在，可判断为一个非规范词。基于以上分析，为了完成中文文本的非规范词识别任务，关键的问题是如何从语料中学习非规范词的词义，因此本部分首先研究的是词义学习或归纳问题。

非规范词通常有与之对应的规范词。构建一个非规范词词典能简化候选规范词的发现过程，有助于把文本规范化应用于上层任务。非规范词词典的构建关键是如何从大规模语料中挖掘非规范词与规范词词对关系。因此本部分研究的第二个内容是挖掘非规范词与规范词词对关系。

文本规范化是文本分析的预处理步骤之一，如何把它与自然语言处理其他任务结合起来，有效地应用于其他 NLP 任务中也是值得研究的内容。中文社交媒体文本面临的另一个问题是分词，传统的分词工具对中文文本的分词效果较差。从直觉上讲，良好的分词有助于文本规范化；反过来，文本规范化能帮助分词。因此，如何把社交媒体文本和传统的 NLP 任务，如分词、词性标注联合处理是另一个研究问题。

　　通过以上的分析，为了解决文本规范化问题，本篇提出需要解决以下三个问题。

　　（1）如何从大规模社交媒体语料中学习出非规范词的词义。

　　（2）如何从大规模语料中挖掘出非规范词与规范词词对关系。

　　（3）如何对文本规范化与其他自然语言处理任务，如分词、词性标注等联合建模。

　　针对以上三个子问题，本篇提出三个研究子任务，分别简要描述如下。

　　（1）大规模语料的词义学习与归纳。其目标是从大规模语料中学习或归纳出给定目标单词的词义。该任务克服了传统任务需要预先定义的语义词典，其词义自动从语料中学习出来，这样有助于理解社交媒体文本目标单词的新的词义，有利于从社交媒体文本中识别出非规范词。该任务本质是一个聚类问题，其输入是给定目标单词的上下文，输出是上下文的聚类，每个聚类代表目标单词的一个词义。

　　（2）大规模语料中挖掘非规范词—规范词词对关系。其目标是从大规模语料中挖掘出非规范词与规范词词对关系。许多研究指出，非规范词通常有一个规范词与之对应，也就是非规范词通常具有固定的规范词。这一性质使得构造一个非规范词典成为可能。该任务是一个关系挖掘任务，其输入是大规模的社交媒体文本，输出是非规范词—规范词词对集。

　　（3）中文社交媒体文本规范化与分词、词性标注的联合建模。由于中文社交媒体存在着分词的问题，显然分词和文本规范化能相互影响。一方面，好的社交媒体分词有助于识别正确的非规范词，从而有助于文本规范化。反过来，规范化的文本有助于提高分词的效果。中文分词、词性标注与社交媒体文本规范化的联合模型可看作一个序列标注模型，模型的输入是一个非规范文本序列，输出是一个已分词、标注词性的规范文本序列。

7.3 拼写修正研究现状

在非规范文本中，有一类错误可以看作拼写错误。它大量出现在网页、社交媒体、论坛等处，主要表现为词法或语法错误。在英语中常见的拼写错误类型可分为 7 类（表7-2）。

表7-2 英语常见拼写错误类型

错误类型	例 子
错字	begginning-beginning
同音异形	there-their
混淆	form-from
分隔	now a days-nowadays
合并	swimmingpool-swimming pool
变形	please-pleased
派生	badly-bad

大多数研究工作把拼写修正看作一个噪声信道模型，该模型由柯林汉（Kernighan）等人首先提出。[①] 给一个错误单词 t，其正确形式为 c 的概率：$Pr(c|t)$。利用贝叶斯公式，有 $Pr(c|t) = Pr(c)Pr(t|c)$。其中 $Pr(c)$ 为先验概率，$Pr(t|c)$ 为噪声信道模型，表示在训练语料中 c

① KERNIGHAN M D, CHURCH K W, GALE W A. A Spelling Correction Program Based on a Noisy Channel Model[C]// *Proceedings of the 13th Conference on Computational Linguistics (COLING 1990 Volume 2)*. Helsinki, Finland: ACL, 1990: 205-210.

拼写为 t 的概率。Pr（$t|c$）的值由四种混淆矩阵计算得到。混淆矩阵由四种转化统计得到，四种转化分别为 del（删除）、add（新增）、sub（替换）和 rev（交换）。该方法在计算转换概率时只考虑了单个字符之间的转换概率。布里尔（Brill）和穆尔（Moore）认为字符拼写错误与它所对应的上下文字符和位置有关系，因此他们提出在噪声信道模型中引入上下文字符及位置信息，其结果有了较好的提高。[①] 此外，图塔诺瓦（Toutanova）和穆尔（Moore）提出在噪声信道模型中融入单词拼音信息，通过为拼音和字符相似关系建模来提高识别精度。[②]

拼写修正另一个应用场景是信息检索，主要目的是把用户输入的错误查询转换为正确的查询，从而提高查询效率。孙（Sun）等人提出利用查询日志来辅助查询拼写修正。[③] 通常，用户如果第一次输入错误的查询词，则第二次的输入主要是用于修正先前输入错误的查询词，因此日志中存在大量的错误—正确词对。利用这些词对，他们提出一个基于多词的拼写修正模型，与传统的基于字符及字符串的模型比较，该模型能有效地抓住多词的上下文关系。但方法依赖于词典，对于非常用词则会导致稀疏问题。陈（Chen）等人进一步提出利用查询结果来做拼写修正。[④]

① BRILL E, MOORE R C. An Improved Error Model for Noisy Channel Spelling Correction[C]// *Proceedings of the 38th Annual Meeting on Association for Computational Linguistics*. Hong Kong: ACL, 2000: 286−293.

② TOUTANOVA K, MOORE R C. Pronunciation Modeling for Improved Spelling Correction[C]//ISABELLE P, CHARNIAK E, LIN D. *Proceedings of the 40th Annual Meeting of the Association for Computational Linguistics*. Philadelphia, PA: ACL, 2002: 144−151.

③ SUN X, GAO J, MICOL D, et al. Learning Phrase−Based Spelling Error Models from Clickthrough Data[C]//HAJIČ J, CARBERRY S, CLARK S, et al. *Proceedings of the 48th Annual Meeting of the Association for Computational Linguistics*. Uppsala, Sweden: ACL, 2010: 266−274.

④ CHEN Q, LI M, ZHOU M. Improving Query Spelling Correction Using Web Search Results[C]//EISNER J. *Proceedings of the 2007 Joint Conference on Empirical Methods in Natural Language Processing and Computational Natural Language Learning (EMNLP -CoNLL)*. Prague, Czech Republic: ACL, 2007:181−189.

在模型中，他们使用了查询结果的相关信息，如查询网页数、URLs 及查询在网页中的分布作为特征。结果显示，该方法使性能得到有意义的提升。

先前大部分的拼写修正研究集中在英语文本，不过中文拼写修正已受到越来越多的关注。下面简介中文拼写错误修正相关的研究进展。

由于中文没有单词分隔符且每个词都非常短，中文拼写检测与英文拼写检测完全不同。中文拼写检测更多的是依赖语言模型。常（Chang）在 1995 提出采用二元语言模型通过替换混淆字符进行错误检测与修正。[①]张（Zhang）等人提出采用一个近似单词匹配算法，通过采用与英语类似的字符拼写操作，如替换、插入和删除来计算编辑距离。[②] 任（Ren）等人采用基于规则和基于统计的混合模型来自动进行拼写错误检查。[③] 黄（Huang）等人在拼写错误修正中引入汉语拼音信息。[④] 刘（Liu）等人进一步引入汉字外形信息，同时利用汉字外形与拼音信息来计算相似度。[⑤]中文拼写错误修正面临着训练语料太少、不标准，评估标准不统一的状

① CHANG C H. A New Approach for Automatic Chinese Spelling Correction[C]// *Proceedings of Natural Language Processing Pacific Rim Symposium*. Seoul: ACL, 1995: 278–283.

② ZHANG L, ZHOU M, HUANG C, et al. Automatic detecting/Correcting Errors in Chinese Text by an Approximate Word–Matching Algorithm[C]// *Proceedings of the 38th Annual Meeting of the Association for Computational Linguistics*. Hong Kong: ACL, 2000:248–254

③ REN F, SHI H, ZHOU Q. A Hybrid Approach to Automatic Chinese Text Checking and Error Correction[C]// *Proceedings of the 2001 IEEE International Conference on Systems, Man, and Cybernetics*. Tucson, AZ: IEEE, 2001: 1693–1698.

④ HUANG C M, WU M C, CHANG C C. Error Detection and Correction Based on Chinese Phonemic Alphabet in Chinese Text[C]//TORRA V, NARUKAWA Y, YOSHIDA Y. *Proceedings of the Fourth Conference on Modeling Decisions for Artificial Intelligence (MDAI 2007), LNAI 4617*. Berlin, Heidelberg: Springer, 2007: 463–476.

⑤ LIU C L, LAI M H, TIEN K W, et al. Visually and Phonologically Similar Characters in Incorrect Chinese Words: Analyses, Identification, and Applications[J]. *ACM Transactions on Asian Language Information Processing*, 2011, 10(2): 1–39.

况，为了更好地研究中文拼写错误，SIGHAN 组织从 2013 年开始连续三年组织了中文拼写修正评测竞赛。训练及评测的数据有不同的来源：SIGHAN2013 的数据是从中文母语者的作文中提取出来的[①]，SIGHAN2014 和 SIGHAN2015 的数据则是从非中文母语的中文学习者所写作文中提取出来的[②][③]，其目的是研究和分析母语或非母语学习者在汉语写作中的错误。

7.4　文本规范化研究现状

拼写错误修正，是从词法或句法的角度认为其是一个书写错误的词，然而在即时消息如微博中这种词的变化大量存在，使得采用拼写错误修正方法并不能解决这类问题。从语义的角度看，这些变化词也慢慢被读者所接受，形成一个新词或新义，如童鞋—同学、海龟—海归等。因此，文本规范化除了利用拼写错误修正的方法，更多的是从语义的角度进行研究，文本规范化模型根据是否使用语料可分为无监督、半监督和有监督的方法。文本规范化从粒度上可分为基于词级、短语级、句子级和篇章级文本规范化；从使用模型上可分为基于机器翻译模型、基于图模型、基于神经网络模型和基于序列标注模型等。下面从使用模型的角度简要介绍当前研究的几个主要方法。

---

① WU S H, LIU C L, LEE L H. Chinese Spelling Check Evaluation at SIGHAN Bake-off 2013[C]//YU L C, TSENG Y H, ZHU J, et al. *Proceedings of the Seventh SIGHAN Workshop on Chinese Language Processing*. Nagoya, Japan: ACL, 2013: 35-42.

② YU L C, LEE L H, TSENG Y H, et al. Overview of SIGHAN 2014 Bake-off for Chinese Spelling Check[C]// *Proceedings of the Third CIPS-SIGHAN Joint Conference on Chinese Language Processing*. Wuhan: ACL,2014:126-132.

③ TSENG Y H, LEE L H, CHANG L P, et al. Introduction to SIGHAN 2015 Bake-off for Chinese Spelling Check[C]// *Proceedings of the Eighth SIGHAN Workshop on Chinese Language Processing*. Beijing: ACL, 2015: 32-37.

7.4.1 基于机器翻译模型

文本规范化目标是把非规范的文本转换为规范的文本，其转换过程可看作一个翻译过程，因此许多研究者把机器翻译技术应用于文本规范化任务。欧（Aw）等人提出基于词组的统计机器翻译文本规范化模型。[①]模型简要描述如下。

给定一个英语句子 e 和社交媒体句子 s，长度分别是 N 和 M。一个分割 T 能把 e 分成 K 个词级，并且在 e 中的每一个词组 $\tilde{e}_k$ 对应 s 中每个词组 s_k，从而 $e_1^N = \tilde{e}_1...\tilde{e}_k...\tilde{e}_K$ 和 $s_1^M = \tilde{s}_1 \cdots \tilde{s}_k \cdots \tilde{s}_K$。翻译模型能用如下公式表示：

$$P\left(s_1^M \mid e_1^N\right) = \sum_T P\left(s_1^M, T \mid e_1^N\right) = \sum_T P\left(T \mid e_1^N\right) \cdot P\left(s_1^M \mid T, e_1^N\right)$$
$$= \sum_T P\left(T \mid e_1^N\right) \cdot P\left(\tilde{s}_1^K \mid T, \tilde{e}_1^K\right) \approx \max_T \left\{P\left(T \mid e_1^N\right) \cdot P\left(\tilde{s}_1^K \mid T, \tilde{e}_1^K\right)\right\}$$

（7-1）

采用 EM 算法学习出句子 e 和 s 单词对齐序列，则概率 $P\left(\tilde{s}_1^K \mid T, \tilde{e}_1^K\right)$ 可表示如下。

$$P\left(\tilde{s}_1^K \mid T, \tilde{e}_1^K\right) = \sum_{\tilde{A}} P\left(\tilde{s}_1^K, \tilde{A} \mid \tilde{e}_1^K\right) = \sum_{\tilde{A}} \left\{P\left(\tilde{A} \mid \tilde{e}_1^K\right) \cdot P\left(\tilde{s}_1^K \mid \tilde{A}, \tilde{e}_1^K\right)\right\}$$
$$= \sum_{\tilde{A}} \left(\prod_{k=1}^K \left\{P\left(k \mid \tilde{a}_1\right) \cdot P\left(\tilde{s}_k \mid \tilde{s}_1^{k-1}, \tilde{e}_{\tilde{a}_1}^{\tilde{a}_k}\right)\right\}\right) \approx \sum_{\tilde{A}} \left(\prod_{k=1}^K \left\{P\left(k \mid \tilde{a}_k\right) \cdot P\left(\tilde{s}_k \mid \tilde{e}_{\tilde{a}_k}\right)\right\}\right)$$

（7-2）

基于词的翻译模型需要大量的语料进行训练，彭内尔（Pennell）和刘（Liu）在 2011 提出基于字符的机器翻译文本规范化模型，采用较少的标注语料用于缩略词的规范化。该模型把文本规范化分为两个阶段：首先，采用基于字符级的翻译模型学习字符与字符的映射。其形式化为：对于一个缩略词 $a = c_1(a)$，$c_2(a)$，$\cdots$，$c_m(a)$，其中 $c_i(a)$ 是缩略词中的第 i 个字符。其次，翻译模型根据如下公式发现分数最高的规

① AW A, ZHANG M, XIAO J, et al. A Phrase-Based Statistical Model for SMS Text Normalization[C]// *Proceedings of the COLING/ACL 2006 Main Conference Poster Sessions.* Sydney, Australia: ACL, 2006: 33-40.

范词。

$$\hat{w} = \arg\max p(w|a) = \arg\max p(w)p(a|w)$$
$$= \arg\max p\big(c_1(w),\dots,c_n(w)\big) \times p\big(c_1(a),\dots,c_m(a)|c_1(w),\dots,c_n(w)\big) \tag{7-3}$$

其中，$p\big(c_1(w),\dots,c_n(w)\big)$ 根 据 字 符 级 的 语 言 模 型 获 取。$P\big(s_1,s_2,\dots,s_m\big)$ 采用基于字符级别的语言模型计算得到。得到候选规范词后，语言模型被用于最终的候选词预测。

在英语单词中，一些字符通常同时出现，如"ght、tion、ure"等。彭内尔（Pennell）和刘（Liu）根据单词发音来分割单词，提出基于字符块的翻译模型，使用两个字符串获得更好的对齐。[①] 图 7-4 中的（a）显示了基于字符的翻译模型例子，（b）显示了基于字符块的例子。

图 7-4　基于字符和字符块的翻译模型例子

进一步，李（Li）和刘（Liu）在基于字符块的翻译模型的基础上，融入了拼音信息。[②] 该模型提出两阶段处理方式：首先把非规范词转化为可能的拼音，然后把拼音转化为规范词。该模型在处理过程中产生了两个候选集：一是生成的拼音候选集，二是根据拼音生成的规范的候选集。结果显示，该方法有较高的覆盖率。

7.4.2　基于图模型

大多数方法需要标注大量的监督语料作为模型训练，为了利用未标

①　PENNELL D L, LIU Y. A Character-Level Machine Translation Approach for Normalization of SMS Abbreviations[C]//WANG H, YAROWSKY D. *Proceedings of the 5th IJCNLP*. Chiang Mai, Thailand: ACL, 2011: 974-982.

②　LI C, LIU Y. Normalization of Text Messages Using Character-and Phone-based Machine Translation Approaches[C]//*Proceedings of the Thirteenth Annual Conference of the International Speech Communication Association*. Portlnd, OR: INTERSPEECH, 2012: 2330-2333.

注语料，一些研究者采用了半监督和非监督的方法。桑梅斯（Sönmez）和奥兹格尔（Özgür）提出了一个非监督的基于图的方法，其主要过程：首先从大规模未标注语料中构建单词关系图，然后通过计算相似度来获取非规范词—规范词词对。① 单词关系图构建如下：对给定的未标注语料，首先对文本进行预处理，标注词性，以每个单词及其词性作为一个节点，如果一个词有多个词性则有多个节点。每个节点包含 4 个属性：ID号、是否 OOV 词、频率和词性。两个节点是上下文相关联的则构成一个边，上下文关联依据以下规则判断：两个单词在一定范围内共现；每个词的频率不低于某个阈值。单词关系图的边是有向边，其方向根据两节点在上下文中出现的位置确定，边包含两个属性：两节点在上下文中的位置，权重表示标准化的上下文共现频率。图 7-5 显示了一个单词关系图的例子。

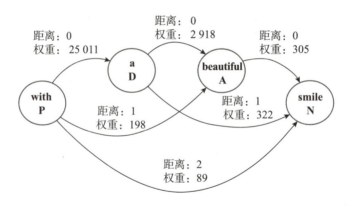

图 7-5　单词关系图例子

该方法在计算相似度时，不仅考虑了关系图中非规范词与它的候选词的上下文及语法特征，还考虑了语音特征和词汇特征。词汇特征通过

① SÖNMEZ Ç, ÖZGÜR A. A Graph-based Approach for Contextual Text Normalization[C]// MOSCHITTI A, PANG B, DAELEMANS W. *Proceedings of the 2014 Conference on Empirical Methods in Natural Language Processing (EMNLP)*. Doha, Qatar: ACL, 2014: 313-324.

最长公共子序列比例计算得到。

哈桑（Hassan）和梅内塞斯（Menezes）提出一个基于随机游走图的非规范化图模型，基于假设：非规范词与其对应的规范词应有相同的上下文，把上下文相似关系表示成一个二部图，其中右部表示为单词，左部表示单词的 n 元上下文。[①] 一个单词可能是规范词也可能是非规范词。图 7-6 给出一个二部图的例子。二部图构成后，他们采用马尔可夫随机游走方法来识别一个非规范词和它对应的规范词。给一个二部图 $G(W, C, E)$，随机游走从一个非规范词开始，终止在一个规范词。两个节点 i、j 的转换概率用公式表示如下：

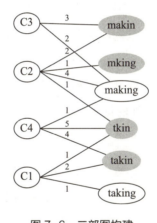

图 7-6　二部图构建

（右部节点表示上下文，灰色节点表示非规范词，白色节点表示规范词；边权重表示单词及上下文的共现数）

$$P_{ij} = W_{ij} / \sum_{\forall k} W_{ik} \qquad (7\text{-}4)$$

其中 W_{ij} 表示边 i、j 的权重。两个节点的游走步骤为所有可能游走步数的平均值。此平均值表示两节点的上下文相似概率。最后，非规范词

① HASSAN H, MENEZES A. Social Text Normalization Using Contextual Graph Random Walks[C]//SCHUETZE H, FUNG P, POESIO M. *Proceedings of the 51st Annual Meeting of the Association for Computational Linguistics (Volume 1: Long Papers)*. Sofia, Bularia: ACL, 2013:1577−1586.

与规范词词对的相似关系用上下文相似概率和词汇特征相似度来表示。

图模型较好地表示了非规范词与规范词上下文之间的语义相似关系，这种关系是一种显式的关系表示。为了表示非规范词与规范词词对之间的复杂关系，研究人员尝试使用神经网络模型。

7.4.3 基于神经网络模型

先前表示单词或上下文时大部分用的是 one-hot 向量或词袋向量，这导致计算相似度时由于维数过高而导致计算复杂度增高。基于神经网络的嵌入表示学习采用密度向量表示单词和上下文有效地缓解了维度问题。斯里达尔（Sridhar）采用嵌入表示从大规模社交媒体中学习所有词的表示，然后利用这种表示挖掘出非规范词—规范词词对关系。[①] 在实验中，他采用两种神经网络框架学习单词嵌入表示（图 7-7），左边为连续词袋嵌入模型，右边为归纳分布式语言模型。他利用嵌入表示计算非规范词与规范词的语义相似度，同时利用附加的词汇特征相似度判断是否为非规范词词对。

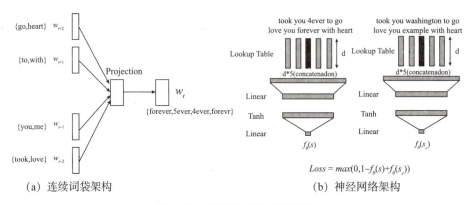

（a）连续词袋架构　　　　　　　　（b）神经网络架构

图 7-7　单词嵌入表示模型框架

① SRIDHAR V K R. Unsupervised Text Normalization Using Distributed Representations of Words and Phrases[C]//*Proceedings of the 1st Workshop on Vector Space Modeling for NLP, VS@NAACL-HLT 2015*. Denver, CO: ACL, 2015: 8–16.

克鲁帕拉（Chrupała）提出一个半监督的文本规范化框架，首先从大规模推特文本中训练一个循环神经网络语言模型，然后把语言模型特征融入一个有标注的文本规范化序列学习 CRF 模型中。[①]

　　由于社交媒体文本也是序列文本，闵（Min）和莫特（Mott）提出利用 LSTM 循环神经网络为文本规范化任务建模。[②] 他们首先对输入的文本进行预处理，过滤掉标签、URLs 和用户名，然后利用基于词典的方法进行规范化，得到多个可能候选规范文本，最后采用 LSTM 循环神经网络预测最优的候选文本序列。图 7-8 给出了一个 LSTM 文本规范化例子。在图中，由于空间限制，前一个单词与后一个单词被省略，它们的网络结构与当前单词的网络结构相同。对于每个单词，输入为上下三个单词的 LSTM 网络，包括词性及字符，输出为单词的编辑操作。词性及字符用密度向量表示，克服了 one-hot 向量维问题，同时使用 LSTM 能利用长距离的字符信息。

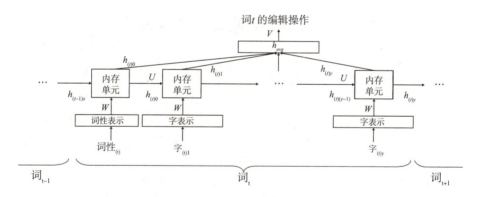

图 7-8　基于 LSTM 文本规范化模型例子

① CHRUPAŁA G. Normalizing Tweets with Edit Scripts and Recurrent Neural Embeddings[C]//TOUTANOVA K, WU H. *Proceedings of the 52nd Annual Meeting of the Association for Computational Linguistics (Volume 2: Short Papers)*. Baltimore, MD: ACL, 2014: 680−686.

② MIN W, MOTT B W. NCSU_SAS_WOOKHEE: A Deep Contextual Long−Short Term Memory Model for Text Normalization[C]//XU W, HAN B, RITTER A. *Proceedings of the ACL 2015 Workshop on Noisy User-generated Text*. Beijing: ACL, 2015:111−119.

7.4.4　基于序列标注模型

彭内尔（Pennell）和刘（Liu）把文本规范化看作一个序列标记任务，提出采用 CRF 模型作为基于字符级的缩略识别。[①] 通常对比缩略字符串，该模型把对应规范词的每个字符标注为 Y 或 N，表示字符出现或未出现在缩略词中。模型所选取的特征包含字符位置、拼音和上下文信息等。采用序列标注模型，一个规范词可能对应多个非规范词。刘（Liu）等人在该方法的基础上扩充以处理其他类型的非规范词。[②] 李（Li）和刘（Liu）进一步提出基于字符块的序列标注框架。[③]

为了构建非规范文本与规范文本的隐含因子关系，乔杜里（Choudhury）开发了一个非规范文本和对应规范文本的单词对齐语料，提出一个隐马尔可夫模型来挖掘非规范文本与规范文本的内在关系。[④]

7.5　中文文本规范化研究现状

当前大多数文本规范化研究都是基于英文文本。不像英文文本规范

① PENNELL D L, LIU Y. A Character−Level Machine Translation Approach for Normalization of SMS Abbreviations[C]//WANG H, YAROWSKY D. *Proceedings of the 5th IJCNLP*. Chiang Mai, Thailand: ACL, 2011: 974−982.

② LIU F, WENG F, WANG B, et al. Insertion, Deletion, or Substitution?: Normalizing Text Messages Without Pre−categorization nor Supervision[C]//LIN D. *Proceedings of the 49th Annual Meeting of the Association for Computational Linguistics: Human Language Technologies*. Portland, OR: ACL, 2011: 71−76.

③ LI C, LIU Y. Improving Text Normalization Using Character−blocks Based Models and System Combination[C]//KAY M, BOITET C. *Proceedings of COLING 2012: Technical Papers*. Mumbai, India: COLING, 2012: 1587−1602.

④ CHOUDHURY M, SARAF R, JAIN V, et al. Investigation and Modeling of the Structure of Texting Language[J]. *International Journal of Document Analysis and Recognition (IJDAR)*, 2007, 10(3/4):157−174.

化，中文文本规范化更具挑战性。其主要原因是中文词语没有分隔符，且中文非规范词具有多样性，如缩写、语音替换、拼写错误及新词等。

当前已有一些工作聚焦于中文文本规范化。夏（Xia）等人分析了聊天文本的语言特点，提出了采用模式匹配的方式解决文本中的非规范词问题。[①] 黄（Wong）和夏（Xia）使用 SVM 分类器来识别聊天文本中的非规范句子。[②] 基于学习的方法有较好的召回率，而基于规则的方法有较好的精度。

李（Li）和雅罗夫斯基（Yarowsky）提出从 Web 文本中挖掘非规范词与规范词词对关系的方法。[③] 他们发现许多非规范词与规范词共现在同一上下文中。为了挖掘共现模式，他们提出一个基于 Bootstrapping 方法来发现非规范词与规范词词对关系。具体地，他们先手动收集一个小的非规范词—规范词集，然后从语料中学习出非规范词—规范词共现模式，利用这些共现模式，从文本中抽取出其他非规范词—规范词词对，重复操作，直到收敛。对收集的每个非规范词，为了获得更多的候选规范词集，他们从搜索引擎中获得数据，再采用基于规则和基于数据驱动的方法生成候选规范词，最后采用条件 log-linear 模型对候选规范词打分评级。由于该方法假设非规范词与规范词在相同的上下文中，但大多数非规范词与规范词对关系不在相同的上下文中，因此导致其所挖掘的

① 　XIA Y, WONG K F, GAO W. NIL Is Not Nothing: Recognition of Chinese Network Informal Language Expressions[C]//DALE R, WONG K F, SU J, et al. *Proceedings of the 4th SIGHAN Workshop on Chinese Language Processing at IJCNLP*. Jeju Island, Korea: ACL, 2005: 95−102.

② 　WONG K F, XIA Y. Normalization of Chinese Chat Language[J]. *Language Resources and Evaluation*, 2008, 42(2): 219−242.

③ 　LI Z, YAROWSKY D. Mining and Modeling Relations Between Formal and Informal Chinese Phrases from Web Corpora[C]//LAPATA M, NG H T. *Proceedings of the Conference on Empirical Methods in Natural Language Processing*. Honolulu, HI: ACL, 2008:1031−1040.

非规范词覆盖率不是很高，同时利用搜索引擎来获取候选规范词，使得实现模型代价较大。

王（Wang）等人针对中文社交媒体文本特点，提出一个文本规范化框架（图 7-9）。[1][2] 他们针对中文社交媒体文本分词困难的问题，提出一个联合分词与规范化识别的方法。他们把分词和文本规范化看作两个序列标注问题：对于分词任务，采用广泛使用的 BIES 标注方案[3]；对于非规范词识别任务，标注方案为 F（规范词）和 IF（非规范词）。图 7-10 给出一个标注实例。研究者采用两层的因子 CRF 模型[4] 同时对两个任务联合建模。在识别出非规范词时，他们将非规范词分为三类：语音替换、缩写和释义，并提出多类频道分类器对非规范词进行规范化。实验结果显示，根据不同非规范词类别采用不同的分类器比采用统一的分类器性能有较大的提高。这说明不同类别的非规范词有不同的特征。但这也使得系统更加复杂，不利于实际应用。

① WANG A, KAN M Y, ANDRADE D, et al. Chinese Informal Word Normalization: An Experimental Study[C]//MITKOV R, PARK J C. *Proceedings of the 6th IJCNLP*. Nagoya, Japan: ACL, 2013:127-135.

② WANG A, KAN M Y. Mining Informal Language from Chinese Microtext: Joint Word Recognition and Segmentation [C]//SCHUETZE H, FUNG P, POESIO M. *Proceedings of the 51st Annual Meeting of the Association for Computational Linguistics (Volume 1: Long Papers)*. Sofia, Bulgaria: ACL, 2013:731-741.

③ ZHAO H, HUANG C N, LI M, et al. Effective Tag Set Selection in Chinese Word Segmentation via Conditional Random Field Modeling[C]//*Proceedings of the 20th Pacific Asia Conference on Language, Information and Computation*, November 1-3, 2006, Huazhong Normal University, Wuhan, China. Beijing: Tsinghua University Press, 2006:87-94.

④ SUTTON C, MCCALLUM A, ROHANIMANESH K. Dynamic Conditional Random Fields: Factorized Probabilistic Models for Labeling and Segmenting Sequence Data[J]. *Journal of Machine Learning Research*, 2007, 8(25): 693-723.

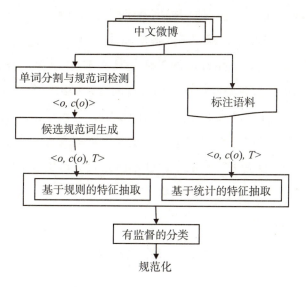

图 7-9 王（Wang）等人提出的中文社交媒体文本规范化框架

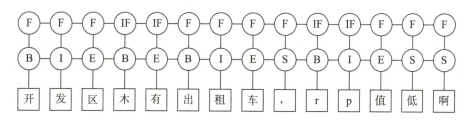

图 7-10 一个中文社交媒体标注实例

中文社交媒体通常混杂着英文文本。例如，"帮我 book 下会议室"。该句子包含英语词语 "book"，表示"预订"。通常 NLP 工具不能处理多语言，因此必须先要把英文词语规范为中文文本。张（Zhang）等人提出了两阶段方法处理混杂的中文—英语社交媒体文本，目标是把混杂的英语单词转换为中文。[①] 他们把英语词分为两类：一类是 IV 词，另一类是 OOV。对于 IV 词，他们采用基于神经网络语言模型的噪声信道模型

① ZHANG Q, CHEN H, HUANG X. Chinese–English Mixed Text Normalization[C]// CARTERETTE B, DIAZ F. *Proceedings of the 7th ACM International Conference on Web Search and Data Mining, WSDM'14*. New York: ACM, 2014: 433–442.

进行处理。对于 OOV 词，他们提出基于图的未监督方法，把 OOV 词分为五类：人名、产品名、组织名、俚语和外来词。

另一个与中文规范化近似的工作是日文规范化，梶（Kaji）和桐桥（Kitsuregawa）针对日语同样存在的分词问题，提出一个针对日文社交媒体联合分词、词性标注和文本规范化的模型。[①] 该模型通过搜索一个非规范化词典，获得候选规范词集，把候选规范词融入一个基于图的生成模型中，求一个最优化的分词和词性标注路径。该模型采用半监督的方法有效利用了大量未标注社交媒体数据。

7.6　本章小结

本章探讨了社交媒体语言的特征——非规范性，提出了文本规范化问题定义，主要分析了当前文本规范化研究现状，可以看出文本规范化研究存在这样几个重要特点。

（1）当前的文本规范化研究对象大多集中在英文文本，因此构建的标注语料都是基于英文非规范文本的，而其他语言则存在语料建设不足的问题。

（2）由于标注语料代价较大，且存在大量的非规范化文本，文本规范化已从有监督方法转向半监督方法甚至无监督方法。

（3）由于中文文本规范化面临分词问题，且中文非规范化词包含大量的词典内的词，因此中文文本规范化挑战更大。

---

① KAJI N, KITSUREGAWA M. Splitting Noun Compounds via Monolingual and Bilingual Paraphrasing: A Study on Japanese Katakana Words[C]//BARZILAY R, JOHNSON M. *Proceedings of the 2011 Conference on Empirical Methods in Natural Language Processing.* Edinburgh, UK: ACL, 2011:959-969.

第8章 基于词汇链的词义学习超图模型

社交媒体中非规范词大部分表示为新的词义，识别非规范词可以看作一个词义消歧任务，但传统的词典显然已不能满足要求，因此关键是如何从非规范文本中学习或归纳新的词义。词义归纳是一个非监督任务，目的是从非规范文本中归纳目标单词的词义。

本章提出一个基于词汇链的词义学习超图模型，以利用词汇链来表示上下文实例间高阶语义关系。实验采用标准英文评测数据和中文社交媒体数据两类数据进行了评估，同时分析了词汇链和词性对模型的影响，比较了不同算法的性能。

8.1 动 机

不同于词义消歧（Word Sense Disambiguation，WSD）任务需给定一个已由人工构建的固定的词义集，词义归纳（Word Sense Induction，WSI）——通常也称为词义学习（Word Sense Learning）——任务被定义为从大规模语料中自动发现目标单词的词义。由于词义消歧需要大量标注语料且存在词义缺失等问题，词义归纳受到越来越多的关注，它在词典编撰、信息检索、机器翻译等领域有着非常重要的应用。WSI通常被看作一个非监督的聚类问题。其算法输入是目标单词的上下文实例；其输出是上下文实例的分组，每一组表示一个词义。

传统的求解WSI的方法大多基于向量空间模型，如上下文向量、单词替代向量等。此类方法首先将目标单词的上下文实例表示成基于频度统计或概率分布的特征向量，然后使用各种方法，如 K-means、Mean-shift、层次聚类等对向量进行聚类，聚类结果表示为归纳的词义。

图模型被广泛应用到 WSI 任务中，它通常把单词表示为节点，单词间的共现关系表示为边，利用识别出的高密度子图表示归纳的词义。威道斯（Widdows）和多罗（Dorow）采用句法树来抽取单词关系；① 韦罗尼斯（Véronis）通过单词的搭配来识别单词关系。② 这些方法大都是在局部的上下文中利用频度统计或搭配计算两个向量或节点间的相似关系，其本质是二元语义关系。为了表达单词间复杂的语义关系，博尔达格（Bordag）提出采用多词搭配来构建多个单词间的高阶语义关系；③ 克拉帕夫蒂斯（Klapaftis）和马南德哈尔（Manandhar）提出一个基于超图的词义归纳模型，其超边根据多词频度统计来构造。④ 这些方法仅考虑了局部的语义关系，而忽略了全局视角下的语义相似关系，使得 WSI 性能受到一定程度的限制。

WSI 任务面临的一个关键挑战是如何学习多个上下文实例间的高阶语义关系。本章基于词汇链动机，提出一个全局视角下的词义归纳超图模型，其中目标单词的每个实例表示为一个节点，多实例间的高阶语义关系表示为超边。模型采用基于词汇链的方法来识别超边，词汇链抽取

---

① WIDDOWS D, DOROW B. A Graph Model for Unsupervised Lexical Acquisition[C]// *Proceedings of the 19th International Conference on Computational Linguistics*. Taipei, China: COLING, 2002: 1-7.

② VÉRONIS J. HyperLex: Lexical Cartography for Information Retrieval[J]. *Computer Speech & Language*, 2004, 18(3): 223-252.

③ BORDAG S. Word Sense Induction: Triplet-based Clustering and Automatic Evaluation[C]// MCCARTHY D, WINTNER S. *Proceedings of the 11th Conference of the European Chapter of the Association for Computational Linguistics*. Trento, Italy: ACL, 2006: 137-144.

④ KLAPAFTIS I P, MANANDHAR S. UOY: A Hypergraph Model for Word Sense Induction & Disambiguation[C]//AGIRRE E, MÀRQUEZ L, WICENTOWSKI R. *Proceedings of the 4th International Workshop on Semantic Evaluations*. Prague, Czech Republic: ACL,2007: 414-417.

采用基于统计的 LDA（Latent Dirichlet Allocation）话题模型。[①] 一个基于最大密度的超图聚类方法被用于发现词义。针对聚类数较多的情况，研究者提出采用一种高内聚度和低分离的合并策略来减少聚类数。

8.2　相关工作

本节主要介绍词义归纳相关研究进展。由于模型涉及词汇链抽取和超图聚类问题，本节也对词汇链抽取技术及超图聚类技术相关研究做简要概述。

8.2.1　词义归纳或学习相关工作

当前研究者已提出了大量的词义学习或归纳方法。这些方法采用不同的形式表示上下文特征，如共现词组、词性特征和语法特征等，并且上下文窗口的大小也是不同的，如目标单词的前后 2 个窗口单词、句子窗口、段落或篇章窗口等。

词义归纳方法通常可分为两大类：基于向量空间方法和图模型方法。

1.基于向量空间的方法

词义归纳使用最广泛的模型是向量空间模型，如基于上下文的向量算法、基于词替换的向量算法。在向量空间模型中，每个目标单词的上下文实例被表示为一个特征向量，特征向量由上下文词频度统计或概率分布表示。最后这些向量采用不同的聚类算法进行聚类，每一类表示一个归纳的词义。

该方法最早由潘特尔（Pantel）和林（Lin）提出。[②] 其基于假设相同

① BLEI D M, NG A Y, JORDAN M I. Latent Dirichlet Allocation[J]. *Journal of Machine Learning Research*, 2003, 3(JAN.): 993−1022.

② PANTEL P, LIN D. Discovering Word Senses from Text[C]//ZAÏANE O R. *Proceedings of the Eighth ACM SIGKDD International Conference on Knowledge Discovery and Data Mining*. Alberta:ACM, 2002: 613−619.

的词义有相似的上下文，聚类算法把词表示成特征向量，使用点对互信息来计算相似度。目标单词 w 和它的上下文 c 及频率数 $F_c(w)$ 的点对互信息可表示为：

$$mi_{w,c} = \frac{\dfrac{F_c(w)}{N}}{\dfrac{\sum_i F_i(w)}{N} \times \dfrac{\sum_j F_c(w)}{N}} \times \frac{F_c(w)}{F_c(w)+1} \times \frac{\min\left(\sum_i F_i(w), \sum_j F_c(w)\right)}{\min\left(\sum_i F_i(w), \sum_j F_c(w)\right)+1} \quad (8\text{-}1)$$

其中 $N = \sum_i \sum_j F_i(j)$，表示所有单词和它们的上下文的频度总数。两个单词的相似度函数表示为：

$$\text{sim}(w_i, w_j) = \frac{\sum_c mi_{w_ic} \times mi_{w_jc}}{\sqrt{\sum_c mi_{w_ic}^2 \times \sum_c mi_{w_jc}^2}} \quad (8\text{-}2)$$

使用该相似度函数，潘特尔（Pantel）和林（Lin）采用以下聚类算法进行单词聚类。[①]

（1）K-means：每个单词被分配到离聚类质心最近的聚类中去，并先更新该聚类质心。重复执行该步骤直到收敛。

（2）Bisecting K-means：每次递归把最大的聚类分成 K 个类，直至收敛。

（3）Average-link：初始把每个元素分别看作一个类，递归的合并最相关的类直到收敛。

（4）Buckshot：首先应用 Average-link 生成 K 个聚类，然后采用规范 K-means 进行聚类。

（5）UNICON：初始把每个元素分别看作一个类，然后递归的运用 CLIMAX 算法合并每个类直接到收敛。

基于雅罗夫斯基（Yarowsky）的观察，每个词语搭配具有一个词

---

① PANTEL P, LIN D. Discovering Word Senses from Text[C]//ZAÏANE O R. *Proceedings of the Eighth ACM SIGKDD International Conference on Knowledge Discovery and Data Mining*. Alberta: ACM, 2002: 613–619.

义。[①] 由于三词搭配比两词搭配具有更好的消歧作用，博尔达格（Bordag）采用三词搭配代替两词搭配，提出 triplet 聚类。[②]

为了能从小的特殊域语料中学习词义，平托（Pinto）等人提出了 self term 扩充方法[③]，首先生成基于点对互信息的共现单词列表，点对互信息表示两个词的共现情况：

$$MI(w_1, w_2) = \log_2 \frac{P(w_1 w_2)}{P(w_1) \times P(w_2)} \qquad (8-3)$$

然后共现列表被运用于词扩充，单词能被共现相关的词所代替。其本质是把单词的特征向量进行了扩充，有效解决了语料少的问题。

考虑一个歧义单词的上下文可看作一个多项式分布的抽样，布罗迪（Brody）和拉帕塔（Lapata）提出一个基于 Bayesian 的方法[④]，其描述如下：

（1）从词义分布 $P(s)$ 中抽样一个词义。

（2）从词义—上下文分布 $P(w|s)$ 中抽样一个单词。

① YAROWSKY D. Unsupervised Word Sense Disambiguation Rivaling Supervised Methods[C]//USZKOREIT H. *Proceedings of the 33rd Annual Meeting on Association for Computational Linguistics*. Cambridge, MA: ACL, 1995: 189-196.

② BORDAG S. Word Sense Induction: Triplet-based Clustering and Automatic Evaluation[C]//MCCARTHY D, WINTNER S. *Proceedings of the 11th Conference of the European Chapter of the Association for Computational Linguistics*. Trento, Italy: ACL, 2006: 137-144.

③ PINTO D, ROSSO P, JIMÉNEZ-SALAZAR H. UPV-SI: Word Sense Induction Using Self Term Expansion[C]//AGIRRE E, MÀRQUEZ L, WICENTOWSKI R. *Proceedings of the 4th International Workshop on Semantic Evaluations(SemEval-2007)*. Prague, Czech Republic: ACL, 2007: 430-433.

④ BRODY S, LAPATA M. Bayesian Word Sense Induction[C]//LASCARIDES A, GARDENT C, NIVRE J. *Proceedings of the 12th Conference of the European Chapter of the Association for Computational Linguistics*. Athens, Greece: ACL, 2009:103-111.

其中 $P(s_i=j)$ 表示第 i 单词的第 j 个词义的抽样。$P(w_i|s_i=j)$ 表示上下文 w_i 在词义 j 的概率。该 Bayesian 模型能被形式化为如下公式：

$$P(w_i) = \sum_{j=1}^{S} P(w_i|\ s_i = j)P(s_i = j) \qquad (8\text{-}4)$$

2. 基于图的方法

在词义归纳模型中，使用较广泛的是基于图的方法。该方法在词义归纳任务方面已取得了较好的性能。通常在图方法中，单词表示为节点，目标单词及它的上下文共现单词表示连接的边。单词间的共现可以通过语法或搭配获得。通过对共现图进行划分，得到的每一个高密度子图表示一个词义。

（1）基于共现的图模型。基于图的方法中大多数使用的是共现图，即在一个图 $G=(V, E)$ 中节点表示文本中的单词，边表示共现的单词对，共现对通常采用搭配或语法关系获得。

威道斯（Widdows）和多罗（Dorow）描述一个基于语法关系构建的共现图模型，对一个目标单词 w，首先根据句法关系构建关系局部图 G_w，然后通过将图 G_w 标准化得到它的标准连接矩阵，接着采用马尔可夫链进行表示。[1] 马尔可夫聚类算法[2] 被运用于节点聚类，每个类表示一个词义。

韦罗尼斯（Véronis）提出一个自组织网络方法 HyperLex。[3] 与目标单词共现的词表示为节点，共现的两词构成边，从而构建一个共现图。边权重用两个单词的共现频率表示，其可表示为如下公式：

---

① WIDDOWS D, DOROW B. A Graph Model for Unsupervised Lexical Acquisition[C]// *Proceedings of the 19th International Conference on Computational Linguistics*. Taipei, China: COLING, 2002: 1–7.

② VAN DONGEN S. Graph Clustering by Flow Simulation[D]. Utrecht: University of Utrecht, 2000.

③ VÉRONIS J. HyperLex: Lexical Cartography for Information Retrieval[J]. *Computer Speech & Language*, 2004, 18(3): 223–252.

$$w_{ij} = 1 - \max\left\{ P\left(w_i \mid w_j\right), P\left(w_j \mid w_i\right)\right\} \qquad (8\text{--}5)$$

其中 $P(w_i \mid w_j) = \dfrac{freq_{ij}}{freq_j}$，且 $freq_{ij}$ 表示单词 w_i 和 w_j 的共现频率，$freq_j$ 表示单词 w_j 的出现频率。从公式可看出，高频率共现词的边权重趋向于零，低频率共现词的边权重趋向于 1。权重高于某个阈值的边被删除。图 8-1 给出一个共现图例子。共现图构建后，运用递归算法发现中心词。在每一次递归中，具有最高相关度的节点被选为中心节点，然后去除与该节点相连的边。重复以上操作查找下一个中心节点。当选择的中心节点的度低于某个阈值时，循环结束。其得到的中心节点词表示目标单词的词义集。最后权重为 0 的中心节点与目标单词相连，构造一个最小生成树以用于消歧。

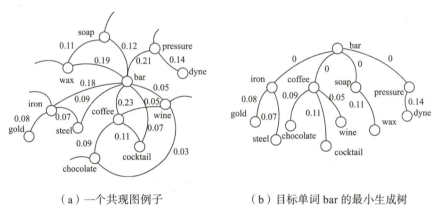

（a）一个共现图例子　　　　（b）目标单词 bar 的最小生成树

图 8-1　共现图例子

（2）基于超图的模型。传统的图模型基于普通图，表示两词间的共现搭配关系，然而通常有多个词的共现搭配。克拉帕夫蒂斯（Klapaftis）和马南德哈尔（Manandhar）尝试用超图表示多词间的共现搭配关系。[①]超图表示为 $H = (V, F)$，其中 V 为节点集，F 为超图集。对于词义归纳

① KLAPAFTIS I P, MANANDHAR S. UOY: A Hypergraph Model for Word Sense Induction & Disambiguation[C]//AGIRRE E, MÀRQUEZ L, WICENTOWSKI R. *Proceedings of the 4th International Workshop on Semantic Evaluations*. Prague, Czech Republic: ACL, 2007: 414-417.

任务，每一个节点表示目标单词的共现相关词，每一个超边表示多个词搭配关系。该模型较全面地探索了多个单词搭配的关系。图 8-2 显示的是一个超图的例子。

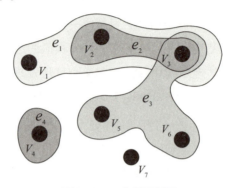

图 8-2　一个超图例子

给定目标单词 w 及语料 p，其构建超图的步骤如下：

①从语料 p 中去掉 w。

②作词性标注，且只保留名词。

③过滤掉频率小于某一阈值的名词。

④如果相关单词共现频率大于某一阈值，则分为一组，表示为一个超边。其中阈值用公式表示为：

$$support(f) = \frac{freq(a,b,c)}{n} \tag{8-6}$$

其中 f 为可能的超边。

⑤每一个超边 f 被分配一个权重，用平均信度表示。例如，f 包含 3 个节点（a，b，c），则其平均信度表示为：

$$confidence(f) = \frac{\frac{freq\,(a,b,c)}{freq\,(a,b)} + \frac{freq\,(a,b,c)}{freq\,(a,c)} + \frac{freq\,(a,b,c)}{freq\,(b,c)}}{3} \tag{8-7}$$

⑥信度低于某一阈值的超边被过滤掉。

该模型较全面地探索了多词搭配关系，通过对超图进行聚类获得词义，其本质也是通过上下文进行聚类，结果依赖于局部单词共现频率。

3. 词义归纳评估

在词义归纳任务中，词义归纳评估也是一个重要话题。在先前的单词词义归纳任务中，词义评估是对给定目标单词的上下文标记它最匹配的词义。然而，艾尔克（Erk）等人发现目标单词在一个上下文中，如果从不同读者的角度来看，可能有多个词义与之相匹配。[1] 因此，在 SemEval-2013 词义归纳任务中，其目标是在给定的上下文中发现目标单词可能感知到的词义。本章的词义归纳采用 SemEval-2013 评估指标。

8.2.2　词汇链抽取方法概述

词汇链是文本的关联性重要表现之一，它表示文本中同一话题的单词序列。一般地，词汇链构建主要分三步：①选择候选单词集，去掉停用词及无意义的词；②对每一个候选单词，根据它与链成员的相关规则寻找一个最合适的链；③如果发现一个合适的链，则把单词插入该链中。当前已有大量研究词汇链的技术，莫里斯（Morris）和赫斯特（Hirst）首先提出基于 Roget's thesaurus[2] 构建词汇链的算法，并且手工评估了它的性能。[3] 赫斯特（Hirst）和圣奥吉（St-Onge）首次采用计算方法构建词汇链，该方法基于 WordNet。[4] 这一算法的基本思想是语义紧密相连的词形成一个词汇链。接下来的研究主要集中在 WSD 的应用中。梅德利安（Medelyan）通过引入一个消歧图，应用图聚类算法去掉弱边，从而隐式

① ERK K, MCCARTHY D, GAYLORD N. Measuring Word Meaning in Context[J]. *Computational Linguistics*, 2013, 39(3): 511-554.

② MAWSON C O. *Roget's Thesaurus of English Words and Phrases*[M]. Harlow, UK: Longman Group Ltd., 1911.

③ MORRIS J, HIRST G. Lexical Cohesion Computed by Thesaural Relations as an Indicator of the Structure of Text[J]. *Computational Linguistics*, 1991, 17(1): 21-48.

④ HIRST G, ST-ONGE D. Lexical Chains as Representations of Context for the Detection and Correction of Malapropisms[M]//FELLBAUM C. *WordNet: An Electronic Lexical Database*. Cambridge, MA: MIT Press, 1998, 305:305-332.

地完成消歧。① 马拉泰（Marathe）和赫斯特（Hirst）提出一个基于统计和知识的方法，它同时采用词典资源中的共现分布信息和语义信息来抽取词汇链。② 这些算法依赖于人工编写的词汇资源，词汇资源的丰富程度影响着词汇链的质量。雷姆斯（Remus）和比曼（Biemann）提出一个基于 LDA 话题模型的自动词汇链抽取方法。③ 该方法首先从大的语料库训练出 LDA 模型，然后在此基础上采用三种不同的方法构造词汇链：

（1）把所有共享同一话题的单词构成同一词汇链。

（2）根据文本单词的话题分布构造相似图，并对相似图进行聚类，以获得语义相似单词即词汇链。

（3）把文档话题分布最高的 n 个话题，每个话题分布最高的 m 个单词构成词汇链。

8.2.3 超图聚类方法

通常图的边是由两个节点连接而成，然而在现实世界中，这种表示是不完整的，如一篇文章的作者通常是多个人，如果用文章来表示作者之间的关系，采用普通图是不能直观地表达这种文章—作者关系的，而超图能较直观地表达这种现实中的关系。图 8-3 给出了一个普通图与超图对比的例子。

---

① MEDELYAN O. Computing Lexical Chains with Graph Clustering[C]//BIEMANN C, SERETAN V, RILOFF E. *Proceedings of the 45th Annual Meeting of the ACL: Student Research Workshop*. Prague, Czech Republic: ACL, 2007:85−90.

② MARATHE M, HIRST G. Lexical Chains Using Distributional Measures of Concept Distance[C]//GELBUKH A. *Proceedings of the 11th International Conference on Intelligent Text Processing and Computational Linguistics*. Iaşi, Romania : ACL, 2010: 291−302.

③ REMUS S, BIEMANN C. Three Knowledge−Free Methods for Automatic Lexical Chain Extraction[C]//VANDERWENDE L, DAUMÉ Ⅲ H, KIRCHHOFF K. *Proceedings of the 2013 Conference of the North American Chapter of the Association for Computational Linguistics: Human Language Technologies*. Atlanta, GA: ACL, 2013: 989−999.

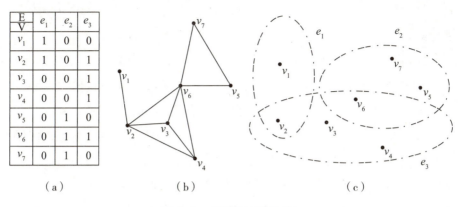

E ＼ V	e_1	e_2	e_3
v_1	1	0	0
v_2	1	0	1
v_3	0	0	1
v_4	0	0	1
v_5	0	1	0
v_6	0	1	1
v_7	0	1	0

（a）　　　　　　　　　（b）　　　　　　　　　（c）

图 8-3　普通图与超图对比

其中左边为作者集合 $E=\{e_1，e_2，e_3\}$ 和文章集 $V=\{v_1，v_2，v_3，v_4，v_5，v_6，v_7\}$ 及对应关系，假如文章 v_i 的作者是 e_j，则对（v_i，e_j）被设置为 1，否则为 0；中间为根据文章—作者关系构建的普通图，文章表示为节点，两篇文章如有共同的作者则用边连接；右边为构建的超图，超边表示同一作者的文章集。显然，普通图并不能表示同一个人是否为三个或更多文章的作者，而超图能完全表达作者与文章之间的这种复杂关系。

超图聚类常用的方法是把超图转换成普通图，一般有两类转换思想：一是节点扩充，如团扩充或星扩充，把超边转化为一个团；另一个方法是超边扩充，采用网络流技术，把超边转节点，超边与超边的关系转化为边。

超图聚类算法一般划分为两类：基于最小分割算法和基于最大密度算法。下面简要介绍三个常用超图聚类方法。

1. Normalized Hypergraph Cut（NHC）

NHC[①] 是一个典型的基于节点扩充的方法。其目标是获得一个最优划分，在同一类中节点连接是稠密的，在不同类中节点连接是稀疏的。

---

① ZHOU D, HUANG J, SCHÖLKOPF B. Learning with Hypergraphs: Clustering, Classification, and Embedding[C]//SCHÖLKOPF B, PLATT J C, HOFFMAN T. *Proceedings of the 19th International Conference on Neural Information Processing Systems*. Cambridge, MA: MIT Press, 2006: 1601−1608.

其处理步骤是首先把超图转化为普通图，然后运用正则拉普拉斯算法做谱分割。

2. 超边扩充聚类（HEC）

一些研究工作已经验证，直接用节点扩充方法把超边转换为普通边可能会造成信息损失，直接对超边进行扩充其性能可能会更好。[①]

蒲（Pu）和法尔廷斯（Faltings）提出一个超边扩充方法如下：构建一个有向图 $G'=(V', E')$，其中原始的超图节点转换成超边，超边转换成节点。在有向图中，原始的超边 e 转换为两节点 e^+ 和 e^-。有向边从 e^+ 到 e^-。其权重由对应的权重函数计算得到。原始超图有共享节点的每一对超边 e_1 和 e_2，分别生成两个有向边（e_1^-，e_2^+）和（e_2^-，e_1^+）。图 8-4 为一个详细的转换例子。

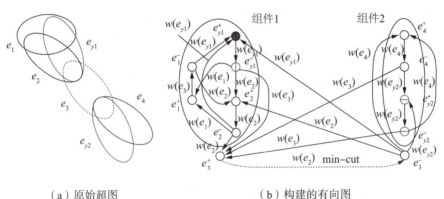

（a）原始超图 　　　　（b）构建的有向图

图 8-4　基于超边扩充的超图转换例子

3. Schype

Schype 模型[②] 是一个最大密度算法。给定一个超图 $H=(V, E)$，连接矩阵 A，一个子图 $X \subset V$ 的边 / 节点比能被表示为：

① ROTA BULÒ S, PELILLO M. A Game-Theoretic Approach to Hypergraph Clustering[J]. *IEEE Transactions on Pattern Analysis and Machine Intelligence*, 2013, 35(6): 1312-1327.

② MICHOEL T, NACHTERGAELE B. Alignment and Integration of Complex Networks by Hypergraph-based Spectral Clustering[J]. *Physical Review E*, 2012, 86(5):056111.

$$S(X) = \frac{\sum_{e \subset X} w(e)}{|X|} \quad\quad (8\text{-}8)$$

其中，$|X|$ 表示 X 的节点数，$w(e)$ 表示超边 e 的权重。根据一个泛化的佩朗 – 弗罗本尼斯（Perron-Frobenius）定理，该模型存在一个唯一的、正的、主特征向量，能在线性时间分割出一个最大密度子图。

其处理过程如下：

（1）计算超图的连接矩阵的主特征值及所对应的主特征向量。

（2）根据主特征向量发现一个最大密度子图。其形式化公式如下：

$$X_{\max} = \arg\max_{c>0} S_p\left(X_c\right) \quad\quad (8\text{-}9)$$

（3）去掉最大子图 X_c 的所有节点及边。

（4）重复以上的步骤直到没有节点出现在超图中。

8.3　基于词汇链的超图模型

基于词汇链的超图模型处理过程主要分为以下三步。

步骤 1：词汇链抽取，采用基于 LDA 话题模型来自动抽取词汇链；

步骤 2：利用抽取的词汇链构建超图；

步骤 3：对构建的超图进行聚类，其中每一类表示一个词义。

下面分别详细描述以上三个步骤。

8.3.1　词汇链抽取

词汇链是文本语义相关的单词序列集合。它为文本结构和文本话题提供了非常重要的线索。它能表示全局的语义相似关系。例如，给出单词"菜单"的三个上下文实例：

（1）如何显示电脑上的菜单？

（2）您可以通过菜单打开设备或储存卡上的所有应用程序。

（3）Windows 8 操作系统取消开始菜单一度被全世界用户吐槽。

其中三个单词"电脑—应用程序—操作系统"构成一个词汇链。根据这个词汇链，模型可推导出三个实例中的目标单词"菜单"表示同一个词义："计算机显示屏上可操作选项"。这个词汇链本质上表示了三个实例间一种全局的高阶语义关系。

词汇链方法是自然语言处理应用中的一个重要技术。它已经被成功运用于词义消歧、单词错误检测、文本摘要话题跟踪和文本分割等自然语言处理任务。

词汇链抽取主要分为两类方法。一类方法使用知识库，如 WordNet 或 Thesauri 作为背景知识来度量多个单词间的语义关系。此类方法的主要不足是结果依赖于知识库，知识库的大小直接影响了词汇链的好坏。另一类方法是基于统计的方法。本模型借鉴了雷姆斯（Remus）和比曼（Biemann）提出的采用 LDA 自动抽取词汇链方法。[①]

LDA 话题模型是一个基于文本生成的概率模型，其目标是从大规模文档中揭示文档内部的相关隐藏结构。基本思想是将每一个文档表示为话题概率分布，每个话题表示单词概率分布。本模型采用 LDA 话题模型来建立词汇的语义关联度，并用它自动构建词汇链。在本模型中，目标单词的上下文实例代替话题模型中的文档。词汇链被看作话题，所有共享同一话题的单词构成一条词汇链。词汇链通常从篇章和文本中抽取，它们的话题分布是相同的。然而，本章实验中的上下文实例从不同的文本中抽取，它们的话题分布是不同的。因此，不能简单地把共享同一话题的单词构成一条词汇链，而是必须同时考虑单词与上下文的话题分布，即当训练完 LDA 模型后，同时使用了文档话题分布 $\theta_d = p(z|d)$，话题单词分布 $\varphi_w = p(w|z)$ 和单词的抽样话题 z_w。

① REMUS S, BIEMANN C. Three Knowledge−Free Methods for Automatic Lexical Chain Extraction[C]//VANDERWENDE L, DAUMÉ Ⅲ H, KIRCHHOFF K. *Proceedings of the 2013 Conference of the North American Chapter of the Association for Computational Linguistics: Human Language Technologies*. Atlanta, GA: ACL, 2013:989−999.

算法 1 描述了词汇链抽取过程。在算法中，为了保证词汇链的质量，需过滤掉那些生成概率小于阈值 γ 的单词，可用如下公式表示：

$$p(w,d|z) \propto p(z|d)p(w\ z) > \gamma \tag{8-10}$$

阈值 γ 直接影响了模型的评估结果，在第 8.4 节将对其进行详细的分析。

需要说明的是，本章的词汇链没有方向性，是无向链。采用无向链把话题相关的单词所在句子连成一条超边能较直观地表示构建超边的过程。词汇链抽取算法如下。

算法 8-1　词汇链抽取算法

输入：training set D of target word, hyper-parameters of LDA model; semantic threshold γ.

输出：lexical chain set S

θ, φ, Z　　LDA（D）

for each topic z

　lc =""　　//lc 表示词汇链

　for each doc d

　　for each word w in doc d

　　　if（$zw = z$ and $p(w,d|z) > \gamma$）

　　　　lc.add（w）

S.add（lc）

return S

8.3.2　超图构建

图的边通常只连接两个节点，而超图 $H = (V, E)$ 是图的一种泛化，其边连接多个节点。与图相比，超图能直观表示各类更复杂的数学和计算科学问题，它已被广泛应用到各类实际问题中，如数字电路设计、线性代数、复杂网络、论文引用等。

在构建超图时，每一个上下文实例表示一个节点，同一词汇链中单词所在实例构成一条超边。超边的权重对应于词汇链的权重，权重用下述公式表示：

$$w(e) = \frac{\sum\limits_{w_i \in C} p(z \mid d_i) p(w_i \mid z)}{|C|} \qquad (8\text{–}11)$$

其中词汇链 C 对应于超边 e，$|C|$ 表示词汇链的单词个数，z 表示词汇链的抽样话题。

下面给出一个超图构建的实例。初始给定单词"菜单"的七个上下文实例。

（1）我们通常会向<u>餐厅</u>索要菜单和<u>酒水</u>价格表

（2）<u>服务员</u>向每位<u>客人</u>发放一份菜单。

（3）<u>客人</u>在 <u>Pad</u> 显示的菜单上点的菜同步显示到后堂。

（4）预先选定的菜单，列举<u>菜名</u>。

（5）您可以通过菜单打开设备或储存卡上的所有<u>应用程序</u>。

（6）Windows 8 <u>操作系统</u>取消开始菜单一度被全世界用户吐槽。

（7）如何显示<u>电脑</u>显示屏上的菜单？

这里一共抽取出 4 条词汇链（相同下划线的词构成一条词汇链），分别表示如下（每个词表示为"词 # 实例序号"）。

链 1：餐厅 #1– 服务员 #2– 客人 #2，3；

链 2：酒水 #1– 菜名 #4；

链 3：Pad#3– 电脑 #7；

链 4：应用程序 #5– 操作系统 #6– 电脑 #7。

图 8–5 为所构建的超图。其中 v_i 表示第 i 个实例。e_i 表示第 i 个词汇链所构建的超边。例如，e_1 表示词汇链 1 中的三个词所对应的实例节点 v_1、v_2、v_3 所构建的超边。

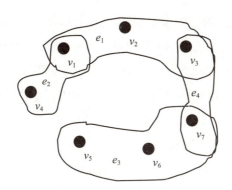

图 8-5　超图构造实例

8.3.3　超图聚类

本章构造的超图满足"小世界"图属性，即具有高内聚系数和低平均路径长度性质。从另一方面解释，节点的度与给定度的节点数满足分布：$P(k) = c \times k^{-\alpha}$，其中 k 表示节点的度，$P(k)$ 表示度为 k 的节点的频率。图 8-6 显示了动词"add"超图的节点度—频率图。

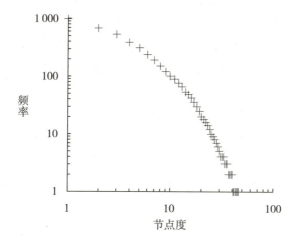

图 8-6　动词"add"超图的节点度—频率图（$\alpha=1$）

超图聚类算法一般分为两类：一类是基于最小分切技术，另一类是基于最大密度。因为"小世界"图节点通常构成高相关联的组块，本章采用Schype 算法[①] 做超图聚类。Schype 算法是基于最大密度的谱聚类算法。最大密度聚类算法是 NP 难问题，然而根据泛化的 Perron–Frobenius 理论，任意的超图都存在唯一且符号为正的主特征向量，在线性时间能检索出最大密度子图。该算法主要优点是把超边看作整体进行处理，且不需要预先设置聚类数。其处理过程描述如下。

（1）首先计算主特征向量，检索最大密度子图；

（2）从超图中去除该子图的超边及节点；

（3）重复上面的步骤直到没有节点在超图中。

由于该算法常常生成许多细粒度的类，本章使用谭（Tan）等人的方法对聚类结果做进一步合并处理，合并时采用以下两个度量方法：内聚度（cohesion）和分离度（separation）。[②] 一个类 C_i 的内聚度定义为：

$$H(C_i) = \frac{\sum_{x \in C_i, C_j} H(e| x, y \in e)}{|C_i|} \quad （8\text{--}12）$$

其中 $H(e|x, y \in e)$ 表示在类 C_i 中包含节点 x、y 的超边数，$|C_i|$ 表示 C_i 的节点数。两个聚类 C_i、C_j 的分离度定义为：

$$S(C_i, C_j) = 1 - \left(\frac{\sum_{i \in C_j, \leqslant C_j} H(e| x, y \in e)}{|C_i| \times |C_j|} \right) \quad （8\text{--}13）$$

通常把比平均内聚度高的类定义为高内聚类；把两个聚类 C_i 和 C_j 有如下关系定义为低分离：如果 C_i 是 C_j 的最低分离度类，反之亦成立。从直觉上讲，具有高内聚、低分离的两个类有非常高的语义相似关系。因此，合并处理过程如下所示。

（1）对聚类按内聚度从高到低排序，过滤到低于高内聚阈值的类。

① MICHOEL T, NACHTERGAELE B. Alignment and Integration of Complex Networks by Hypergraph–based Spectral Clustering[J]. *Physical Review E*, 2012, 86(5):056111.

② TAN P N, STEINBACH M, KUMAR V. *Introduction to Data Mining*[M]. Boston: Addison Wesley, 2006.

（2）比较最高内聚度的类与其他内聚度的类，如果两个类的分离度低于某一阈值，则两类合并。

（3）如此循环，直到没有低内分离度的类为止。

8.4　实验及分析

为了验证本章模型的可应用性，本章做了两类实验。第一个实验基于标准的词义归纳评测任务，采用 SemEval-2013 WSI 任务来评估及验证本章模型。第二个实验基于抽取的中文社交媒体文本，在手动构建的数据集中进行实验，目的是验证该模型在中文社交媒体上的有效性。

8.4.1　评估度量

本章模型采用了两类评估方式：第一，有监督的评估，即传统的词义消歧评估度量方法。第二，无监督的评估，即词义归纳的语义列表的聚类评估比较。

1. 有监督的评估

有监督的评估即采用传统的词义消歧评估度量方法。评估提出三个目标：①词义检测，即哪些语义能够被标记出来；②词义评级，即标注的多个词义的可应用级别；③与人工标注的一致性度量。每个目标分别使用如下度量指标。

（1）Jaccard Index：词义检测评估，给定同一实例的两类不同的词义标注集：X 和 Y，Jaccard Index 度量标注的一致性：$\frac{X \cap Y}{X \cup Y}$。当 X 和 Y 标注相同时，其值最大；当 X 和 Y 完全不同时，其值最小。

（2）Positionally-Weighted Kendall's τ Similarity：对词义等级评估，采用库马尔（Kumar）和瓦西尔维茨基（Vassilvitskii）提出的方法评级

打分。给定两个评级序列（x，y），其中 x 是标准评级，y 是待评估评级，其正则化的相似度表示为：

$$K_\&^{sim} = 1 - \frac{K_\&(x,y)}{K_\&^{\max}(x)} \qquad （8-14）$$

其中 $K_\&$ 表示两个序列的 Kendall's τ 距离，即通过交换位置使用两个序列相同的最小距离。

（3）Weighted Normalized Discounted Cumulative Gain（WNDCG）：NDCG 正则化了两类评级数据的比较，基于权重的 NDCG 则量化了两类权重的区别。给定两个带权重的语义列表，其中一个是标准答案，另一个是方法消歧的结果。Discounted Cumulative Gain（DCG）采用如下公式计算：$\sum_{i=1}^{k} \frac{2^{w_i+1}-1}{\log_2(i+1)}$。正则化 DCG 表示为 $NDCG = \frac{DCG}{IDCG}$。其中，IDCG 表示最优的 DCG。考虑两类权重的区别，基于权重的 NDCG 表示为：

$$WNDCG = \sum_{i=1}^{k} \frac{\frac{\min\left(w_i, \widehat{w_i}\right)}{\max\left(w_i, \widehat{w_i}\right)}\left(2^{w_i+1}-1\right)}{\log_2(i)} \qquad （8-15）$$

由于归纳词义集与评测标准词义集在数量和类型上是不同的，因此监督评估还包含了词义对齐处理。其对齐过程如下：测试实例分成训练（映射）集和测试集两类。首先使用训练集把每个归纳词义对齐到标准词义上，然后用对齐词义预测测试集，进而给出监督评估结果。在实验中，训练集和测试集按 4 ∶ 1 的比例划分，评估结果为 5 次随机划分测试的平均值。

2.无监督的评估

词义归纳可以看作一个无监督的聚类任务，在聚类评估中，归纳的类与标准的类的相似性采用以下两种度量方式。

（1）Fuzzy Normalized Mutual Information（FNMI）：互信息（Mutual

Information）度量两个随机变量的相关性。FNMI 扩展了兰奇基内蒂（Lancichinetti）等人提出的方法来计算两个聚类的 NMI。[①] FNMI 忽视了两个聚类的元素个数的差异，抓紧了两个聚类的对齐关系，因此能有效度量单词的稀疏词义。

（2）Fuzzy B-cubed：它泛化了阿米戈（Amigó）提出的 B-cubed 度量，使它能适应于模糊的聚类集。[②] 该度量提供了基于元素的评估，其对聚类大小较为敏感，能有效地抓住所期望的性能。

8.4.2　基　线

本章的第一个基线是表示二元语义关系的普通图（Graph）。普通图的构建如下。

利用 LDA 的学习结果，把目标单词的每个上下文实例表示为话题向量，利用 $\cos in(x, y)$ 函数两两计算实例之间的相似度；然后每个实例表示节点，当相似度大于某一阈值时（在实验中阈值为 0.05），两节点构造一条边，边的权重为它们相似度值。其聚类方法采用陈兴蜀等人提出的方法。[③]

此外，为了同本章所用的超图聚类算法相比较，实验中也采用了另外两个经典的超图聚类算法 NHC 和 HEC。

---

① LANCICHINETTI A, FORTUNATO S, KERTÉSZ J. Detecting the Overlapping and Hierarchical Community Structure in Complex Networks[J]. *New Journal of Physics*, 2009, 11(3):033015.

② AMIGÓ E, GONZALO J, ARTILES J, et al. A Comparison of Extrinsic Clustering Evaluation Metrics Based on Formal Constraints[J]. *Information Retrieval,* 2009, 12(4):461–486.

③ 陈兴蜀, 吴小松, 王文贤, 等. 基于特征关联度的 K-means 初始聚类中心优化算法 [J]. 四川大学学报 (工程科学版), 2015, 47(1): 13–19.

8.4.3　基于 SemEval 评测任务的实验

1. 数据集

SemEval-2013 WSI 任务的测试数据从美国开放语料库（OANC）[①] 抽取，它包含 4 806 个实例、50 个单词，其中 20 名词、20 个动词、10 个形容词。非监督的训练语料从 ukWaC[②] 语料库中抽取。此外，我们使用 trial 数据集作为开发集用于调参。

2. 实现细节

训练数据从 ukWaC 中抽取，每个单词抽取 10 K 上下文实例，每个实例包含目标单词的一个句子窗口。此外，实例还选择 10 K 不包含任何目标单词的句子作为辅助语料库。实验采用 TreeTagger 标注词性，去掉停用词，仅仅考虑名词作为特征，同时去除与目标单词在整个 ukWaC 语料库中共现频率少于 50 次的单词。

实验分别对每个目标单词作 LDA 训练，训练数据为 20 K，其中 10 K 为目标单词实例，10 K 为辅助实例。具体地说，本章采用 JGibbLDA[③] 做话题估计与推断，需要调参的参数为话题数 k、文档—话题狄利克雷分布超参 α 和话题—单词分布超参 β。实验分别用如下值测试了三个参数：$k=1\,000$，$1\,500$，$2\,000$，$2\,500$；$\alpha=5/k$，$10/k$，$\cdots$，$50/k$；$\beta=0.001$，0.01，0.1。实验结果显示当 $k=2\,000$，$\alpha=25/k$，$\beta=0.001$ 时能获得最好的实验结果。类似于 LDA 超参，词汇链抽取算法参数 γ 在区间 $[0.01,\ 0.000\,001]$ 中进行调参，结果显示当 $\gamma=0.000\,1$ 时性能最优。

[①]　IDE N, SUDERMAN K. The American National Corpus First Release[C]//LINO M T, XAVIER M F, FERREIRA F, et al. *Proceedings of the 4th International Conference on Language Resources and Evaluation, LREC 2004*. Lisbon, Portugal: ELRA, 2004: 1681-1684.

[②]　BARONI M, BERNARDINI S, FERRARESI A, et al. The WaCky Wide Web: A Collection of Very Large Linguistically Processed Web-Crawled Corpora[J]. *Language Resources and Evaluation*, 2009, 43(3):209-226.

[③]　下载地址为 http://sourceforge.net/projects/jgibblda/.

在超图聚类时，本章采用的算法自动生成聚类个数，算法所有参数都使用缺省值。对于两个参与比较的超图算法 NHC 和 HEC，其聚类个数设置为 10。

实验对目标进行词义归纳后，需用归纳的词义对每个测试实例中的目标单词进行消歧。消歧处理过程如下：单词的每个词义表示为一个向量，向量元素为训练语料中与目标单词共现的单词，其值为单词个数。每一个测试实例也表示为一个向量，采用 cosin 函数计算每个实例与归纳语义间的相似关系，当它大于阈值 λ 时，把该语义作为目标单词的词义。在实验中，λ 调参为 0.1。

3. 基　线

除了 8.4.2 所提的基线外，实验还比较了 SemEval-2013 WSI 任务中 4 个基线和 3 个评测性能最高的参赛系统。其中 4 个基线简要描述如下。

（1）Baseline MFS，即最高频率词义基线，把所有测试实例都标注为统计频率最高的词义。

（2）One sense，即所有实例都用同一个归纳词义标注。

（3）One sense per instance（1clinst），即为每个实例分配归纳的唯一主词义。

（4）Baseline Random-n，即随机分配，把 n 个词义随机分配一个词义给每个实例。

3 个参赛系统在 SemEval-2013 任务评测中都取得了最好的成绩。它们分别如下。

（1）AI-KU[①]：AI-KU 采用了基于词汇替代方法。

① BAŞKAYA O, SERT E, CIRIK V, et al. AI-KU: Using SubstituteVectors and Co-Occurrence Modeling for Word Sense Induction and Disambiguation[C]//MANANDHAR S, YURET D. *Proceedings of the Seventh International Workshop on Sematic Evaluation (SemEval 2013)*. Atlanta, GA: ACL, 2013: 300-306.

（2）UoS[①]：UoS 利用依存特征，使用 MaxMax[②] 算法进行聚类。

（3）Unimelb[③]：Unimelb 是一个使用层级 Dirichlet 随机过程[④] 的非参话题模型，能自动推断目标单词的词义数。

4. 实验结果

（1）有监督的实验结果。在有监督的评估中，使用一部分数据把自动归纳的聚类首先映射到标准的词义中，然后利用映射结果标注另一部分，并与标准答案进行比较，在实验室，测试数据被划分为两部分：80% 作为映射集，20% 作为测试集。

表 8-1 显示本章模型同其他系统在 SemEval-2013 数据集上有监督的评估结果。同以前的 WSD 任务一样，MFS 基线在 Jaccard Index 度量即词义检测上超过所有其他系统。然而，大多数系统在词义评级及一致性度量上超过了 MFS 基线。

表8-1 基于SemEval评测任务的有监督的实验结果

系　　统	JI–$F1$	WKT–$F1$	WNDCG–$F1$
本章模型	0.376	0.753	0.345
NHC	0.325	0.692	0.375
HEC	0.327	0.693	0.376

① HOPE D, KELLER B. UoS: A Graph-based System for Graded Word Sense Induction[C]// MANANDHAR S, YURET D. *Proceedings of the Seventh International Workshop on Semantic Evaluation (SemEval 2013)*. Atlanta, GA: ACL, 2013: 689–694.

② HOPE D, KELLER B. MaxMax: A Graph-based Soft Clustering Algorithm Applied to Word Sense Induction[C]//GELBUKH A. *Proceedings of the 14th International Conference on Intelligent Text Processing and Computational Linguistics*. Samos, Greece: ACL, 2013: 368–381.

③ LAU J H, COOK P, BALDWIN T. Unimelb: Topic Modelling-based Word Sense Induction[C]//MANANDHAR S, YURET D. *Proceedings of the Seventh International Workshop on Semantic Evaluation (SemEval 2013)*. Atlanta, GA: ACL, 2013: 307–311.

④ TEH Y W, JORDAN M I, BEAL M J, et al. Hierarchical Dirichlet Processes[J]. *Journal of the American Statistical Association*, 2006, 101(476): 1566–1581.

续　表

系　统	JI–*F*1	WKT–*F*1	WNDCG–*F*1
Graph	0.320	0.689	0.339
AI–KU	0.244	0.642	0.332
Unimelb	0.213	0.62	0.371
UoS	0.232	0.625	0.374
MFS	0.455	0.465	0.339
One sense	0.192	0.609	0.288
1c1inst	0.0	0.095	0.0
Random–*n*	0.29	0.638	0.26

　　比较超图与普通图模型，三个超图系统（本章模型、NHC 和 HEC）在三项指标上都超过了普通图系统 Graph。本章模型与普通图模型相比，其在词义检测与词义评级有了较大提升，两项指标分别提升了 5.6% 和 6.4%。

　　比较三个超图聚类方法，本章模型使用的超图聚类方法是比较适合小世界图特征的，因此在词义检测和词义评级两项指标上都取得了较高性能，但在 WNDCG 指标上没有获得较高性能，其主要原因是本章模型所归纳的语义粒度更细。在实验中 NHC 和 HEC 聚类数设置为 10，而本章模型的平均聚类数达到了 31.8。下一步本实验将研究采用更好的合并策略以减少聚类数目。

　　（2）无监督的实验结果。在词义归纳系统中，无监督的评估目标是归纳的词义列表的相似性。不同于有监督的评估，它避免了把归纳的词性映射到标准词义集如 WordNet 词义时所产生的转化损失。

　　表 8-2 显示了无监督的实验结果。从表中可以看出，FBC 指标偏向于 One sense 基线，而 FNMI 偏好于 One sense per instance 基线。虽然本章所提系统并没有达到较好性能，但它在两个指标上取得了较为均衡的

分数。同样来比较超图与普通图模型，三个超图系统（本章模型、NHC 和 HEC）在两项指标上都超过了普通图系统 Graph。

表8-2　基于SemEval评测任务的无监督的实验结果

系　统	FNMI	FBC
本章模型	0.042	0.401
NHC	0.046	0.406
HEC	0.037	0.400
Graph	0.036	0.371
AI–KU	0.039	0.451
Unimelb	0.056	0.459
UoS	0.045	0.448
MFS	—	—
One sense	0	0.632
1c1inst	0.071	0
Random–n	0.016	0.245

5. 分析与讨论

（1）话题模型比较。话题模型，如 LDA 和 HDP，已成功地被应用到 WSI 任务，它们通常把话题看作一个词义。而本章的动机是词汇链表示多实例间内在的语义关系，话题被解释为词汇链，话题模型被用来发现词汇链。前面实验已经与一个 HDP 话题模型 Unimelb 做了比较，此外，本章也与标准的 LDA 做了比较。模型在本章实验中抽取的训练语料基础上，使用布罗迪（Brody）和拉帕塔（Lapata）所提出的方法来训练 LDA 模型并进行 WSI 实验（话题数设置为 10）。表 8-3 给出了该方法与本章模型的实验结果。

表8-3　LDA与本章模型的评估结果比较

评价指标	LDA	本章模型
JI–$F1$	0.318	0.376
WKT–$F1$	0.692	0.753
WNDCG–$F1$	0.334	0.345

（2）词汇链影响。实验显示使用词汇链抓住了高阶语义关系，取得了较好的效果。在模型中，词汇链对性能起着关键的作用。从直觉上讲，当词汇链太长时，高阶关系将混杂着一些噪声；当词汇链太短时，将损失一部分高阶关系。为了检验词汇链的有效性，实验对参数 γ 进行了调参，其结果如图 8-7 所示。

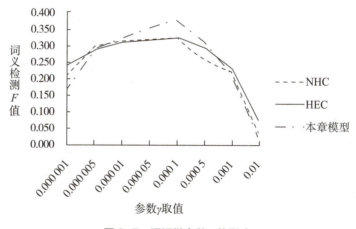

图 8-7　词汇链参数 γ 的影响

（3）话题数大小影响。此外，由于话题解释为词汇链，话题数也将影响词汇链的质量。当话题数过大时，词汇链语义粒度太细；当话题数太小，词汇链语义粒度太粗。图 8-8 显示本章模型在不同话题数下 JI–$F1$ 值的实验结果。

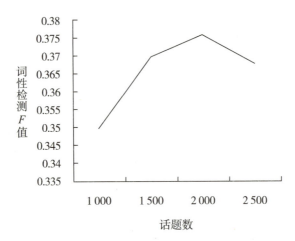

图8-8　本章模型在不同话题数时的 JI–F1 值

（4）词性的影响分析。在词义归纳任务中，单词词性对系统性能有一定的影响。在 SemEval-2013 测试集中，50 个目标单词包含了 20 个名词、20 个动词和 10 个形容词。表 8-4 给了不同词性单词的有监督的评估性能。从表中可以看出，形容词的语义检测指标是最好的，动词其次，名词最差。然而，在词义评级指标中，其正好是相反的。一个可能的解释是在 WordNet 词典中，在测试集中形容词的平均词义数量是最低的，而它的语义粒度大于动词和名词。在测试集中，名词、动词和形容词的平均词义数分别是 7.15，6.85 和 5.9。

表8-4　三个超图算法分别在名词、动词和形容词上的有监督的评估

POS	NHC			HEC			Schype		
	JI	WKT	WNDCG	JI	WKT	WNDCG	JI	WKT	WNDCG
名词	0.306	0.697	0.370	0.313	0.702	0.367	0.363	0.767	0.246
动词	0.336	0.686	0.374	0.336	0.690	0.380	0.384	0.749	0.245
形容词	0.347	0.697	0.396	0.342	0.678	0.390	0.394	0.733	0.248

8.4.4　基于中文微博语料的实验

本章的另一个实验是把该模型应用于中文微博文本中，其目的是检测该模型能否有效归纳微博文本中的词义。

1. 微博数据集构建

本实验的微博数据从新浪微博抽取出来。新浪微博是最大的中文微博平台，超过 10 000 000 条数据被抽取，然后对微博进行预处理，采用基于规则的方法来识别 URLs、情绪符号、用户名及标签，再去除长度小于 5 的微博。分词采用 Stanford 分词器。

为了对微博数据进行评估，实验首先人工选取 20 个常用非规范微博词，并且人工标注了它们的词义。人工所选择的非规范词及词义见表 8-5。

为了评估，从抽取的微博中为每个目标单词抽取 200 个实例，然后手动为实例标注它的词义。其中 80 个实例用于调参，120 实例用于测试。

表8-5　微博词及词义列表

微博词	词　义
鸭梨	压力 | 鸭梨
海龟	海归 | 动物名
气管炎	妻管严 | 病症
奥特曼	落伍 | 人名 |ATM 机 | 商品名
美眉	妹妹 | 美女 | 美
偶	我 |oh| 偶然 | 偶尔 | 配偶
杯具	悲剧 | 杯子
围脖	微博 | 围脖
河蟹	和谐 | 河蟹
餐具	惨剧 | 餐具
童鞋	同学 | 童鞋

续　表

微博词	词　义
洗具	喜剧|洗具
神马	什么|神马
稀饭	喜欢|稀饭
带盐	代言|带盐
蓝	男|蓝|难|然
冻梨	动力|冻梨
烤鸭	考雅思|烤鸭
酱紫	这样子|酱紫
泥	你|泥

2. 实现细节

训练数据从已经预处理的微博数据中抽取，每个单词抽取 5 K 上下文实例，每个实例包含目标单词的一个微博。同样的，训练还选择 10 K 不包含任何目标单词的句子作为辅助语料库。实验采用 Stanford 分词进行分词，去掉停用词，仅仅考虑名词作为特征；同时还去除了与目标单词在整个微博语料库中共现频率少于 20 次的单词。

实验分别对每个目标单词作 LDA 训练，训练数据为 15 K、5 K 目标单词实例，10 K 辅助实例，具体地，实验采用 JGibbLDA[①] 做话题估计与推断，需要调参的参数为话题数 k、文档—话题狄利克雷分布超参 α 和话题—单词分布超参 β。实验分别用如下值测试了三个参数：K=1 000，1 500，2 000，2 500；α=5/K，10/K，…，50/K；β=0.001，0.01，0.1。实验结果显示当 K=2 000，α=25/K，β=0.001 时能获得最好的实验结果。类似于 LDA 超参，词汇链抽取算法参数 γ 在区间 [0.01，0.000 001] 中进行调参，结果显示当 γ=0.000 1 时性能最优。

---

① 下载地址为 http：//sourceforge.net/projects/jgibblda/。

在超图聚类时，本章采用的算法自动生成聚类个数，算法所有参数都使用缺省值。对于两个参与比较的超图算法 NHC 和 HEC，其聚类个数设置为 10。

对目标进行词义归纳后，实验需用归纳的词义对每个测试实例中的目标单词进行消歧。消歧处理过程如下：单词的每个词义表示为一个向量，向量元素为训练语料中与目标单词共现的单词，其值为单词个数。每一个测试实例也表示为一个向量，采用 cosin 函数计算每个实例与归纳语义间的相似关系，当它大于阈值 λ 时，把该语义作为目标单词的词义。在实验中，对于 Schype 聚类，λ 调参为 0.1；对于 NHC 和 HEC，λ 为 0.03。

度量标准和基线采用 8.4.1 和 8.4.2 所描述系统作为参照。

3. 实验结果

（1）有监督的实验结果。在有监督的评估中，设置同基于 SemEval 评测任务一样，首先利用一部分数据把自动归纳的聚类映射到标准的词义中，然后利用映射结果标注另一部分，并与标准答案进行比较，在实验室，测试数据被划分为两部分：80% 作为映射集，20% 作为测试集。

表 8-6 显示本章模型同其他系统在微博数据上有监督的评估结果。从结果上来看，该实验获得了与基于 SemEval 评测任务相似的实验结果。比较超图与普通图模型，三个超图系统（本章模型、NHC 和 HEC）在三项指标上都超过了普通图系统 Graph。比较三个超图聚类方法，本章模型使用的超图聚类方法是比较适合小世界图特征的，因此在词义检测和词义评级两项指标上都取得了最高分，但在 WNDCG 指标上没有获得较高性能，其主要原因是本章模型所归纳的语义粒度更细。

表8-6　基于中文微博语料的有监督的实验结果

系　　统	JI–$F1$	WKT–$F1$	WNDCG–$F1$
本章模型	0.514	0.798	0.369
NHC	0.424	0.723	0.384

系　统	JI–$F1$	WKT–$F1$	WNDCG–$F1$
HEC	0.439	0.721	0.381
Graph	0.420	0.701	0.348
MFS	0.523	0.525	0.342
One sense	0.392	0.609	0.288
1c1inst	0.0	0.465	0.0
Random–n	0.35	0.698	0.312

与 SemEval 评测任务进行比较，实验结果有较大提高，主要是因为选择的目标词的词义个数较小。其平均词义个数只有 2.45，而 SemEval 评测任务平均词义个数为 6.5。

（2）无监督的实验结果。表8-7 显示了无监督的实验结果。它同样验证了 8.4.3 实验所得出的结论：FBC 指标偏向于 One sense 基线，而 FNMI 偏好于 One sense per instance 基线。虽然本章所提系统并没有达到较好性能，但它在两个指标上取了较为均衡的分数。同样比较超图与普通图模型，三个超图系统（本章模型、NHC 和 HEC）在两项指标上都超过了普通图系统 Graph。

表8-7　基于中文微博语料的无监督的实验结果

系　统	FNMI	FBC
本章模型	0.063	0.511
NHC	0.046	0.518
HEC	0.048	0.501
Graph	0.042	0.481
MFS	—	—
One sense	0	0.748

续　表

系　统	FNMI	FBC
1c1inst	0.082	0
Random-n	0.025	0.315

4.分　析

本模型在英文和中文微博上分别做了实验评估，所得结果是一致的，这说明本模型有较强的适应性。此外，从实验结果发现，不同的数据集其结果相差较大，在中文微博上的实验结果比在英文上的实验结果要高一些，其主要原因是中文微博目标单词的语义数要小于英文文本，即语义粒度要粗。另外，观察本章所提超图聚类结果，中文微博的平均聚类数 35.6，而英文的平均聚类数为 31.8，这说明了中文微博比英文具有更大的散离度，因此处理起来更复杂。

8.5　本章小结

本章提出基于词汇链的超图模型求解 WSI 任务。在该模型中，节点表示目标单词的每个实例，超边表示多实例间的高阶语义关系。同其他基于局部点对关系模型相比较，本章所提出的模型从全局的角度抓住了复杂的高阶语义关系。另一方面，采用基于最大密度的超图聚类算法能有效抓住所构建超图满足小世界图特性。实验结果显示了本章所提算法的有效性。此外，实验也显示单词的词义数目及语义粒度影响了词义归纳系统的性能。最后，本章所提出的超图模型，不仅可应用于词义学习模型，还可应用于其他的 NLP 任务，如文本分类、聚类和信息检索等。

第9章 基于嵌入表示学习的非规范词——规范词词对关系挖掘

非规范词通常有一个与之对应的规范词，使构建非规范词典成为可能。词典构建有助于文本规范化，其关键是如何从大规模语料中挖掘出非规范词—规范词词对关系。本章以微博为媒介，探索了基于嵌入表示学习的非规范词—规范词词对关系挖掘模型。

9.1 引 言

文本规范化即把非规范词转化成规范词，已经成为社交媒体文本分析的一个预处理步骤。其大部分工作采用监督的方法，要求标注非规范词—规范词词对的训练语料。然而标注大规模语料的成本是非常高的，因此大量的社交媒体文本特别是微博更适合于采用非监督与半监督的方法来处理（后文将社交媒体指定为微博）。

另外，一些研究工作显示非规范词与规范词存在一定的关系，通常非规范词有与之对应的规范词。然而，由于微博每天生成大量的非规范词，人工标注非规范词是一件非常困难的事情。因此，采用基于数据驱动的方法，即从大规模微博文本中发现非规范词与规范词的关系是非常实用且有意义的工作。

本章主要研究从大规模文本中挖掘非规范词与规范词的关系。不像英文非规范词是一个 OOV 词，中文非规范词识别更困难，因为中文非规范词不仅可能是新词，也可能是一个 IV 词，形成一个新的词义。另外，中文非规范词表现为多种形式，如缩写、拼音替换、释义等（表 9-1）。

表9-1　中文非规范词类型举例

类　型	非规范词	规范词
缩写	剧透 GG	剧情透露 哥哥
拼音替换	妹纸	妹子
释义	给力	棒

很多研究工作已经关注从大规模的中文微博文本中挖掘非规范词与规范词的关系。李（Li）和雅罗夫斯基（Yarowsky）观察，一些非规范词与规范词常常出现在同一上下文中，如非规范词—规范词词对"海龟—海归"出现在句子"海龟也称海归"中。[①] 因此，他们提出一个 Bootstrapping 方法来学习非规范词与规范词的共现模式，通过学习出来的共现模式来发现新的非规范词与规范词词对。但是由于大多数非规范词与规范词并不出现在同一上下文中，因此其构建的词典的覆盖率较低。其他的大多数方法[②][③] 基于假设非规范词与规范词在语义上是相似或相同

① LI Z, YAROWSKY D. Mining and Modeling Relations Between Formal and Informal Chinese Phrases from Web Corpora[C]//LAPATA M, NG H T. *Proceedings of the Conference on Empirical Methods in Natural Language Processing*. Honolulu, HI: ACL, 2008: 1031–1040.

② HAN B, BALDWIN T. Lexical Normalisation of Short Text Messages: Makn Sens a# twitter[C]//LIN D, MATSUMOTO Y, MIHALCEA R. *Proceedings of the 49th Annual Meeting of the Association for Computational Linguistics: Human Language Technologies*. Portland, OR: ACL, 2011: 368–378.

③ BOHNET B, NIVRE J. A Transition-based System for Joint Part-of-Speech Tagging and Labeled Non-Projective Dependency Parsing[C]//TSUJII J, HENDERSON J, PAŞCA M. *Proceedings of the 2012 Joint Conference on Empirical Methods in Natural Language Processing and Computational Natural Language Learning*. Jeju Island, Korea: ACL, 2012: 1455–1465.

的，因此它们应该有相似的上下文。它们通常采用稀疏的 one-hot 高维向量表示上下文，导致计算比较复杂。

此后，词的分布式表示能有效减缓词向量表示的高维问题，并进一步针对词的多义问题提出了词多义分布表示方法。但是，这些多义表示是基于词义独立的，也就是词与词之间的多义是没有关系的，它们不能表示同义关系。基于此，本章提出一个基于全局嵌入表示的多义学习模型，该模型在学习多义的同时能学习词义关系。此外，在该模型的基础上，本章提出一个从大规模文本中自动挖掘非规范词与规范词的框架。其处理步骤分为三步（图 9-1）：

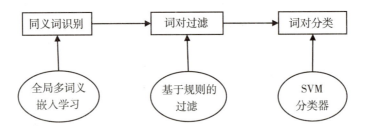

图 9-1　非规范词典构建流程

（1）采用一个全局的多词义嵌入模型来识别同义词。

（2）利用基于规则的方法减少候选词对。

（3）采用一个分类器判断每一个候选词对是否非规范词—规范词词对。

本章主要贡献如下：

（1）提出一个非监督的方法，通过学习全局的多词义嵌入表示来挖掘非规范词与规范词词对。

（2）提出一个自动框架来构建非规范词典，实验结果显示其有较好的准确率与覆盖率。

9.2　相关工作

9.2.1　非规范词—规范词词对关系挖掘

通常非规范词有一个与之对应的规范词，因此构建一个非规范词典有助于文本规范化。词典构建本质是从大规模语料中挖掘出非规范词—规范词词对关系。

梶（Kaji）和桐桥（Kitsuregawa）根据日文常用错误拼写规则构建日文非规范词典。[①] 李（Li）和雅罗夫斯基（Yarowsky）认为非规范词和规范词有时存在于同一个上下文中，他们采用挖掘共现模式来识别中文非规范词—规范词词对。[②] 虽然该方法有一定的合理性，但对于大多数非规范词—规范词词对而言，它们很少出现在同一上下文中，因此构建的词典的覆盖率不是很高。钱（Qian）等人为了提高覆盖率，在李（Li）和雅罗夫斯基（Yarowsky）的基础，采用基于规则的非规范词生成模式来扩充非规范词—规范词词对，但产生较大的噪声。[③] 古斯（Gouws）等

① KAJI N, KITSUREGAWA M. Splitting Noun Compounds via Monolingual and Bilingual Paraphrasing: A Study on Japanese Katakana Words[C]//BARZILAY R, JOHNSON M. *Proceedings of the 2011 Conference on Empirical Methods in Natural Language Processing.* Edinburgh, UK: ACL, 2011: 959–969.

② LI Z, YAROWSKY D. Mining and Modeling Relations Between Formal and Informal Chinese Phrases from Web Corpora[C]//LAPATA M, NG H T. *Proceedings of the Conference on Empirical Methods in Natural Language Processing.* Honolulu, HI: ACL, 2008: 1031–1040.

③ QIAN T, ZHANG Y, ZHANG M, et al. A Transition–based Model for Joint Segmentation, POS–tagging and Normalization[C]//MÀRQUEZ L, CALLISON–BURCH C, SU J. *Proceedings of the 2015 Conference on Empirical Methods in Natural Language Processing(EMNLP).* Lisbon, Portugal: ACL, 2015: 1837–1846.

人利用分布相似和字符串相似的方法构建了一个小的英文非规范词典。[①]
韩（Han）和鲍德温（Baldwin）采用相似的策略构建了一个较大的非规范
词典。[②] 但它们表示上下文通常采用one-hot向量，即高维稀疏向量，导
致计算复杂且低效。

9.2.2　词嵌入表示

词嵌入表示技术通过神经网络技术对上下文以及上下文与目标词之
间的关系进行建模。它采用低维的实数向量表示，克服了常用词袋模型
向量由于高维而容易导致维数灾难问题。

许多研究已提出各类嵌入表示模型。其中当前使用较为广泛的嵌入
表示模型是米科洛夫（Mikolov）提出的 CBOW 和 Skip-gram 模型。[③]
其特点是模型简单且训练速度快。图 9-2 显示了 CBOW 和 Skip-gram 模
型。可以看出 CBOW 通过上下文预测目标单词，反过来 Skip-gram 根据
目标单词来预测上下文。这些嵌入表示使用在不同的 NLP 任务如命名实
体识别、依存分析、语义分析及篇章分析取得了较好的性能提升。

① GOUWS S, HOVY D, METZLER D. Unsupervised Mining of Lexical Variants from
Noisy Text[C]//ABEND O, KORHONEN A, RAPPOPORT A, et al. *Proceedings of the First
Workshop on Unsupervised Learning in NLP*. Edinburgh, UK: ACL, 2011: 82−90.

② HAN B, BALDWIN T. Lexical Normalisation of Short Text Messages: Makn Sens
a# twitter[C]//LIN D, MATSUMOTO Y, MIHALCEA R. *Proceedings of the 49th Annual
Meeting of the Association for Computational Linguistics: Human Language Technologies*.
Portland, OR: ACL, 2011:368−378.

③ MIKOLOV T, KARAFIÁT M, BURGET L, et al. Recurrent Neural Network Based
Language Model[C]//HIROSE K. *Proceedings of INTERSPEECH 2010*. Makuhari, Chiba,
Japan: INTERSPEECH, 2010:1045−1048.

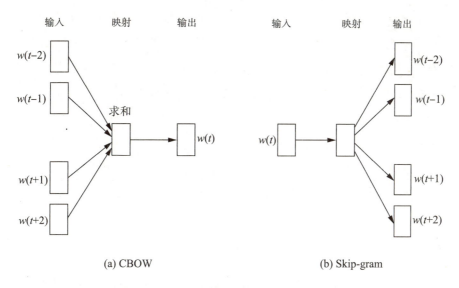

(a) CBOW　　　　　　　　　　(b) Skip-gram

图 9-2　CBOW 与 Skip-gram 模型结构图

先前的嵌入表示基于假设每个单词仅用一个向量表示，这种表示忽视了单词的多义性。为了更加细粒度表示多语义，研究者提出了多词义嵌入表示模型，即每个词义用一个向量表示。赖辛格（Reisinger）和穆尼（Mooney）、黄（Huang）等人提出了一个多词义嵌入表示方法，即首先对每个单词的上下文做聚类，然后对每个聚类上下文学习出一个表示，从而学习出单词的多词义嵌入表示。[1][2] 尼拉坎丹（Neelakantan）等人提

[1]　REISINGER J, MOONEY R J. Multi-Prototype Vector-Space Models of Word Meaning[C]//KAPLAN R, BURSTEIN J, HARPER M, et al. *Proceedings of the 2010 Annual Conference of the North American Chapter of the Association for Computational Linguistics.* Los Angeles, CA: ACL, 2010: 109-117.

[2]　HUANG E H, SOCHER R, MANNING C D, et al. Improving Word Representations via Global Context and Multiple Word Prototypes[C]//LI H, LIN C Y, OSBORNE M, et al. *Proceedings of the 50th Annual Meeting of the Association for Computational Linguistics: Long Papers-Volume 1.* Jeju Island, Korea: ACL, 2012: 873-882.

出一个非参的多嵌入表示学习模型，词义的个数能在训练中自动确定。[①]
刘（Liu）等人联合神经网络模型和 LDA 话题模型来学习单词和话题嵌入
表示，利用话题来表示单词的多义。[②] 陈（Chen）等人利用外部资源，使
用 WordNet 词典预定义的语义列表学习单词的多语义表示。[③] 李（Li）和
朱拉夫斯基（Jurafsky）提出了一个基于中文餐饮模型的非参多嵌入表示
学习模型。[④] 这些模型在传统的 NLP 任务上也取得了一定的性能提升，
但这些模型所表示的多义是单词独立的，也就是不同词的嵌入表示是没
有关系的。本章所提出的多嵌入表示模型不仅能表示多义，而且能表示
同义关系。

9.3　基于非参的全局位置多词义嵌入表示模型

本章提出的非规范词典构建流程分为三步：识别同义词、过滤及分
类，同义词识别采用一个全局的多词义嵌入表示模型来获取。在大多数
嵌入表示模型中通常一个单词只用一个向量表示，然而一个单词通常有
多个词义，因此单词向量并不能表示多义关系。当前许多工作研究了词

①　NEELAKANTAN A, SHANKAR J, PASSOS A, et al. Efficient Non-parametric
Estimation of Multiple Embeddings per Word in Vector Space[C]//MOSCHITTI A, PANG
B, DAELEMANS W. *Proceedings of the 2014 Conference on Empirical Methods in Natural
Language Processing (EMNLP)*. Doha, Qatar: ACL: 1059-1069.

②　LIU Y, LIU Z, CHUA T S, et al. Topical Word Embeddings[C]//*Proceedings of the 29th
AAAI Conference on Artificial Intelligence*. Austin, TX: AAAI Press, 2015: 2418-2424.

③　CHEN X, LIU Z, SUN M. A Unified Model for Word Sense Representation and
Disambiguation[C]//MOSCHITTI A, PANG B, DAELEMANS W. *Proceedings of the 2014
Conference on Empirical Methods in Natural Language Processing (EMNLP)*. Doha, Qatar:
ACL, 2014: 1025-1035.

④　LI J, JURAFSKY D. Do Multi-Sense Embeddings Improve Natural Language
Understanding?[C]//MÀRQUEZ L, CALLISON-BURCH C, SU J. *Proceedings of the
2015 Conference on Empirical Methods in Natural Language Processing (EMNLP)*. Lisbon,
Portugal: ACL, 2015: 1722-1732.

的多义嵌入表示，研究结果显示，多义表示在 NLP 任务上有较好的性能提升，如单词相似度判断、词义消歧等。本章所提出的模型扩展于尼拉坎丹（Neelakantan）等人提出的模型，下面予以简要介绍。①

9.3.1　基于非参的多词义嵌入表示模型

尼拉坎丹（Neelakantan）等人提出一个非参的多词义嵌入表示模型，简称 NP-MSSG。相比先前的多词义嵌入表示模型，该模型具有如下特点。

（1）词义向量通过目标单词的上下文表示，而目标单词的上下文向量也通过上下文单词的词义向量表示，因此采用词义表示的上下文能更精确地实现上下文聚类。

（2）该模型采用非参的方法自动发现每个词的词义个数。

（3）有效的词义向量与词向量联合在线训练，使得联合学习变得快速且可扩展。

NP-MSSG 模型建立在 Skip-gram② 模型基础上，图 9-3 显示了该模型的框架。

①　NEELAKANTAN A, SHANKAR J, PASSOS A, et al. Efficient Non-parametric Estimation of Multiple Embeddings per Word in Vector Space[C]//MOSCHITTI A, PANG B, DAELEMANS W. *Proceedings of the 2014 Conference on Empirical Methods in Natural Language Processing (EMNLP)*. Doha, Qatar: ACL:1059-1069.

②　MIKOLOV T, KARAFIÁT M, BURGET L, et al. Recurrent Neural Network Based Language Model[C]//HIROSE K. *Proceedings of INTERSPEECH 2010*. Makuhari, Chiba, Japan: INTERSPEECH, 2010: 1045-1048.

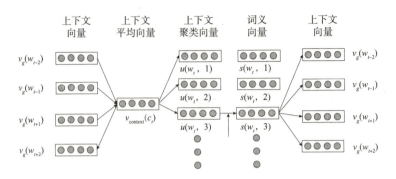

图 9-3 NP-MSSG 模型框架图

（其中窗口大小为 2；词 w_t 的上下文 c_t 分别为 w_{t-2}、w_{t-1}、w_{t+1}、w_{t+2}）

在 NP-MSSG 模型中，每个单词 w 对应一个全局向量 $v_g(w)$，每个单词的词义对应一个向量 $v_s(w,k)$ 和一个聚类 $u(w,k)$（$k=1,2,3,\cdots$），其中 k 是一个非参变量，能自动从训练过程中学习得到。

对每一个目标单词 w_t，其上下文为其观察到的窗口单词集，表示为 $c_t = (w_{t-R},\ \cdots,\ w_{t-1},\ w_{t+1},\ \cdots,\ w_{t+R})$。每个目标单词的上下文向量为上下文单词向量的平均值，定义如下：

$$v_{\text{context}}(c_t) = \frac{1}{2R_t}\sum_{c\in c_t}v_g(c) \qquad (9-1)$$

给一个单词 w_t，预测其属于哪一个聚类是通过计算其上下文 c_t 的上下文向量 $v_{\text{context}}(c_t)$ 与聚类中心向量的相似度，如果最大的相似度大于阈值，则 w_t 属于相似度最大的类，同时利用上下文向量 $v_{\text{context}}(c_t)$ 更新其类中心，否则将 w_t 赋予其新的类，其聚类中心为上下文向量 $v_{\text{context}}(c_t)$，用公式表示如下：

$$s_t = \begin{cases} k(w_t)+1 & \max_{k=1,2,\ldots,k(w_t)}\left\{\text{sim}\left(u(w_t,k),v_{\text{context}}(c_t)\right)\right\} < \lambda \\ k_{\max} & \text{其他} \end{cases} \qquad (9-2)$$

其中，$u(w_t,k)$ 是单词 w_t 的第 k 个聚类中心，$k(w_t)$ 表示 w_t 的聚类数，$k_{\max}=\arg\max_{k=1,2,\cdots,K}\text{sim}\left(u(k),v_{\text{context}}(c_t)\right)$。

给定单词 w_t 的词义 s_t，在上下文中能预测单词 c 概率可表示如下：

$$P\left(D=1\mid v_s\left(w_t,s_t\right),v_g(c)\right)=\frac{1}{1+e^{-v_s\left(w_t,s_t\right)^T v_g(c)}} \qquad (9\text{-}3)$$

相应的，其不被预测到的概率如下：

$$P\left(D=0\mid v_s\left(w_t,s_t\right),v_g(c)\right)=1-P\left(D=1\mid v_s\left(w_t,s_t\right),v_g(c)\right) \qquad (9\text{-}4)$$

最后给一个训练文本序列 w_1，w_2，$\cdots$，w_T，非参的多词义嵌入表示通过如下目标函数学习得到：

$$
\begin{aligned}
J(\theta) =\ & \sum_{(w_t,c_t)\in D^+}\sum_{c\in c_t}\log P\left(D=0\mid v_s\left(w_t,s_t\right),v_g(c)\right)\\
& + \sum_{(w_t,c_t')\in D^-}\sum_{c'\in c_t'}\log P\left(D=0\mid v_s\left(w_t,s_t\right),v_g(c')\right)
\end{aligned}
\qquad (9\text{-}5)
$$

其中，w_t 是训练文本中的第 t 个单词，c_t 是观察的上下文单词，c_t' 是噪声上下文单词。D^+ 是正抽样集，D^- 是负抽样集，噪声抽样采用 Skip-gram 模型使用的方法。

9.3.2　基于非参的全局位置多词义嵌入表示模型

先前的多词义嵌入表示的词义是基于每个词的，也就是说不同词的词义之间是没有关系的。然而在真实的文本中，许多单词具有相同或相似的词义，它们的词义表示应该是相同或相似的。非规范词和其对应的规范词从语义的角度看是同义词，但传统的嵌入多义表示并不能表示它们之间的同义关系。本章提出一个全局的多词义嵌入表示模型，该模型不是基于每个词的上下文聚类来学习词义，而是基于全局的上下文聚类来学习词义，因此它不仅能表示多义，而且能表达同义关系。

该模型扩展于尼拉坎丹（Neelakantan）等人提出的基于非参的多词义 Skip-gram（NP–MSSG）模型。本章所提出的模型与 NP–MSSG 模型相比，主要有两点不同：

（1）在 NP–MSSG 模型中，单词的多词义嵌入表示通过对目标单词的上下文聚类学习获得，不同单词间的词义是没有关系的。在本章所提出的模型中，单词的多词义嵌入向量通过对所有单词的上下文聚类学习获得，因此学习得到的多词义嵌入向量能表示多个单词间的同义关系。

（2）在 NP-MSSG 模型中，嵌入表示通过目标单词的上下文获得，而词义相似的单词通常是它们的搭配或高共现词，因此学习得到的嵌入表示常常出现语义偏差。为了减少这种语义偏差，本章所提出的模型引入位置信息，在这里，位置指窗口位置，表示与目标单词的相对位置关系。实验结果显示，引入位置信息能有效地减轻语义偏差问题。

本章所提出的模型框架见图 9-4，被命名为基于非参的全局位置多词义 Skip-gram 模型，简称 NP-GPMSSG。在 NP-GPMSSG 模型中，每个单词 w 对应一个全局向量 $v_g(w)$，每个窗口位置 r 对应一个全局位置向量 $v_p(r)$，每个上下文聚类表示为 $u(k)$（$k=1$，2，3，…），每个聚类对应一个同义词向量 $v_s(k)$（$k=1$，2，3，…），同义词集与聚类的个数是一个非参变量，通过训练过程自动学习得到。

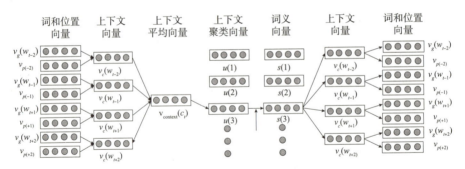

图 9-4　基于非参的全局位置多词义 Skip-gram 模型

对每一个目标单词 w_t，其上下文为其观察到的窗口单词集，表示为 $c_t=(w_{t-R}, \cdots, w_{t-1}, w_{t+1}, \cdots, w_{t+R})$。第 r 个上下文单词向量是位置敏感的，定义为全局位置向量与该单词向量的 Hadamard 积，表示为 $v_c(w_r)=v_p(r)\cdot v_g(w_r)$。每个目标单词的上下文向量表示为上下文单词向量的平均值，定义如下：

$$v_{\text{context}}(c_t)=\frac{1}{2R}\sum_{w_r\in c_t}v_c(w_r) \tag{9-6}$$

在预测上下文词义时，为了避免计算的复杂性，模型没有采用上下文的词义向量，而是采用全局上下文单词向量。给一个单词 w_t，通过计算其上下文 c_t 的上下文向量 $v_{\text{context}}(c_t)$ 与聚类中心向量的相似度来预测单词 w_t 属于哪一个类 s_t。其公式如下：

$$s_t = \begin{cases} k+1 & \max_{k=1,2,\cdots,K}\left\{\text{sim}\left(u(k), v_{\text{context}}(c_t)\right)\right\} < \lambda \\ k_{\max} & \text{其他} \end{cases} \quad (9\text{-}7)$$

其中，$u(k)$ 是第 k 个聚类中心，K 是全局的聚类数，$k_{\max} = \arg\max_{k=1,2,\cdots,K}\text{sim}\left(u(k), v_{\text{context}}(c_t)\right)$，表示与上下文向量最相似的聚类编号。在实验中相似函数 sim 采用 cosin 计算。

与 NP-MSSG 类似，给定单词 w_t 的词义 s_t，单词 w_i 在上下文的第 r 个窗口能被预测的概率表示如下：

$$P\left(D=1 \| v_s(t), v_p(r), v_g(w_i)\right) = \sigma\left(v_s(t)^T\left(v_p(r) \bullet v_g(w_i)\right)\right) = \frac{1}{e^{-v_s(t)^T\left(v_p(r)v_g(w_i)\right)}}$$

$$(9\text{-}8)$$

相应的，其不被预测到的概率如下：

$$P\left(D=0 \| v_s(t), v_p(r), v_g(w_i)\right) = 1 - P\left(D=1 \| v_s(t), v_p(r), v_g(w_i)\right) \quad (9\text{-}9)$$

给一个训练文本序列 w_1，w_2，$\cdots$，w_T，单词的多词义及位置的嵌入表示通常由如下目标函数学习得到：

$$J(\theta) = \sum_{(w_t,c_t)\in D^+}\sum_{(r,w_r)\in c_t}\log P\left(D=1 \| v_s(t), v_p(r), v_g(w_r)\right)$$
$$+ \sum_{(w_r,c_r')\in D^-}\sum_{(r,w_r')\in c_r'}\log P\left(D=0 \| v_s(t), v_p(r), v_g(w_r')\right) \quad (9\text{-}10)$$

其中 w_t 是训练文本中的第 t 个单词，c_t 是 w_t 的上下文，上下文的每个元素由单词和位置两部分组成。D^+ 是正抽样集，D^- 是负抽样集。D^- 包含两类负抽样：噪声单词抽样及噪声位置抽样。噪声单词抽样采用 Skip-gram 模型抽样方法，噪声位置抽样通过交换不同位置的单词抽样。

在预测单词 w_t 的词义后，模型使用 AdaGrad 随机梯度下降方法来更

新 $v_s(t)$ ，全局的位置向量，及 c_t 与 c_t' 中的单词向量。详细的训练伪代码见算法 9-1。

算法 9-1　NP-GPMSSG 模型训练

输入：$w_1, w_2, \cdots, w_T, d, R$

输出：v_p, v_g, v_s

Initialize $v_p(i)$ 和 $v_g(w)$, $v_i \in \{-R, \cdots, +R\}$, $w \in W$

 for t=1,2,$\cdots$,T do

  ct=$\{w_{t-R}, \cdots, w_{t-1}, w_{t+1}, \cdots, w_{t+R}\}$

  compute $v_{\text{context}}(c_t)$ with formula（1）

  predict $s(t)$ with formula（2）

  Update context cluster center $u(t)$ according to context c_t added to context cluster $s(t)$

  c_t' =Noisy samples（c_t）

  Gradient update on $v_{s(t)}$, global vectors of positions and words in c_t and c_t' .

 end for

9.4　过滤与分类

执行完 NP-GPMSSG 模型后，每一个聚类表示一个同义词集，因此具有相同词义的单词被聚在同一类中。在同一类中，单词之间可能是同义词，也可能是反义词或语义相关的搭配或共现词。本章采用两个阶段来后处理同义词集：首先采用基于规则的方法过滤掉明显不是非规范词—规范词的词对；然后采用 SVM 分类器对其余词对识别是否为非规范词—规范词词对。

9.4.1　基于规则的过滤

同一个同义词集聚类不仅包含 IV 词，也包含 OOV 词。显然，由两个 IV 词或两个 OOV 词所构成的词对，不可能是非规范词—规范词词对，因此必须先过滤掉它们。

此外，由于模型采用单词的上下文表示单词的词义，因此单词通常与它的搭配或高共现词在语义上非常相近，因此也必须过滤掉这部分单词。

基于上述分析，过滤器提出了三个过滤规则。

对给定同义词集中每一个单词对（w_i，w_j），它将被过滤依据如下规则：

（1）$w_i \in \mathrm{IV}$ 且 $w_j \in \mathrm{IV}$。

（2）w_i、w_j 已是同义词对。

（3）w_i、w_j 是搭配或高共现词。搭配或高共现词判别公式定义如下：

$$f\left(w_i, w_j\right) = \log \frac{\mathrm{prob}\left(w_i, w_j\right)}{\mathrm{prob}\left(w_i\right)\mathrm{prob}\left(w_j\right)} > \gamma \qquad (9\text{--}11)$$

其中，prob（w_i）与 prob（w_j）表示它们在语料中的出现概率，prob（w_i，w_j）表示 w_i、w_j 在语料中的共现概率。

9.4.2　SVM 分类

模型在过滤掉一部分词对后，对剩余的词对采用一个 SVM 分类器来判别。在分类之前，首先要判断哪一个词是非规范词。其判别过程如下：给定词对任一个单词的一个句子，用另一词进行替换得一个新的句子，比较两个句子的语言模型概率，哪个句子的概率大，则判定这个句子中的单词作为规范词，另一个作为非规范词。在实验中，采用的是二元语言模型概率。

为了训练和评估分类器，模型在训练嵌入表示的语料中手动标注了 500 个非规范词—规范词词对，并把它分为两部分，其中一部分为训练集，另一部分为测试集。

分类器引入两类特征：一类是基于规则的特征，另一类是基于统计的特征。

1.基于规则的特征

观察表9-2，如果一个词对 (x, y) 匹配表中的转化规则，则该词对是一个可能的非规范词—规范词词对的可能性非常高。为了表达这种直觉，实验提出 7 类基于规则的特征函数。

表9-2　规范词与非规范词示例

规范词	非规范词
哥哥	GG
老公	L公
高等数学	高数
照片	片片
屁股	PP
谢谢	thx

（1）Is–Pinyin–Acronym (x, y)，词 x 是词 y 的拼音缩写吗？例如：

Is–Pinyin–Acronym（GG，哥哥）=1

Is–Pinyin–Acronym（GG，兄弟）=0

（2）Is–partly–Pinyin–Acronym (x, y)，词 x 是词 y 的部分拼音缩写吗？例如：

Is–partly–Pinyin–Acronym（L公，老公）=1

Is–partly–Pinyin–Acronym（L公，丈夫）=0

（3）Is–CN–Abbreviation (x, y)，词 x 是词 y 的中文缩写吗？例如：

Is–CN–Abbreviation（高数，高等数学）=1

Is–CN–Abbreviation（代数，高等数学）=0

（4）Is–CN–overlapping (x, y)，词 x 是词 y 的中文词重叠构成的吗？例如：

Is–CN–overlapping（片片，照片）=1

Is–CN–overlapping（饭饭，照片）=0

（5）Is–Pinyin–Abbr–overlapping（x，y），词 x 是词 y 的拼音缩写字母重叠构成的吗？例如：

Is–Pinyin–Abbr–overlapping（PP，屁股）=1

Is–Pinyin–Abbr–overlapping（FF，屁股）=0

（6）LD–Pinyin（x，y），词 x 与词 y 的拼音编辑距离。由于方言发音的不同，如 l 和 n 经常发音混沌，因此，分类器在计算字符的距离时采用权重表示。如 w（l，n）的距离权重应该小于 w（a，z）的权重。实验根据方言的特性，设置如下字符对的距离权重为 0.5：

（w, v）、（l, n）、（b, p）、（s, x）、（sh, x）、（s, sh）、（z, zh）、（c, ch）、（f, h）、（b, w）、（j, zh）、（j, z）。

除上述字符对外，其他字符的距离权重设置为 1。

（7）Is–English–Abbr（x，y），词 x 是否词 y 的英语缩写？例如：

Is–English–Abbr（thx，谢谢）=1

Is–English–Abbr（dl，谢谢）=0

2. 基于统计的特征

非规范词及它对应的规范词具有相同的语义，因此常常共享公共的上下文。基于此，本章提出几个基于统计的特征。给定一个非规范词的上下文句子，用候选规范词代替，生成一个新的句子，计算其二元和三元语言模型概率。该语言模型采用 Gigaword 语料、用 SRILM 工具包进行训练得到，一共包含 5 个特征：

（1）三元概率：$P（W_{-2}W_{-1}T）$，$P（W_{-1}TW_1）$，$P（TW_1W_2）$。

（2）二元概率：$P（W_{-1}T）$，$P（TW_1）$。

9.5　实验及分析

非规范词—规范词词对关系挖掘的核心是多词义学习，因此实验评估包含两个目标：一个是验证基于本章所提出的多词义嵌入表示模型能否有效归纳同义词集，即对 NP-GPMSSG 模型进行评估；另一个是模型能否有效地挖掘非规范词—规范词词对。

9.5.1　数据集

为了训练 NP-GPMSSG，实验首先从新浪微博中挖掘出超过 100 万条微博，采用王（Wang）等人的方法对微博进行预处理，如 URLs、表情符、@用户名及标签等，然后去除长度小于 5 的微博文本，获得了逾100 万条微博。分词采用 ZPar 工具。

9.5.2　NP-GPMSSG 模型评估

非规范词—规范词词对构建的关键是同义词的学习，因此首先对NP-GPMSSG 模型进行评估。

1. 测试集构造

为了便于测试，判断学习模型是否能把同义词聚类为一类，本章根据哈工大同义词词林 [1] 构建一个测试同义词的集合，构建过程如下：对于哈工大同义词集中的每一个词，如果出现次数低于 50 次，则从同义词集中去掉，然后去掉同义词集中只含有一个元素的集合，最后从每个同义词集中随机选择一个词对，总共构建 2 457 个同义词对。

2. 实验设置

NP-GPMSSG 模型在训练时，在每次负抽样过程中，抽取 20 个噪声单词和 5 个噪声位置，采用 AdaGrad 随机梯度下降方法 [2]，其学习率设置为 0.025。

---

[1]　网址为 http://ir.hit.edu.cn/demo/ltp/Sharing_Plan.htm。

[2]　DUCHI J, HAZAN E, SINGER Y. Adaptive Subgradient Methods for Online Learning and Stochastic Optimization[J]. *Journal of Machine Learning Research*, 2011, 12(61): 2121-2159.

类似于黄（Huang）等人，目标函数没有采用正则化惩罚项。[1]

测试的目标是希望相同词义的同义词对在训练模型的同义词类中，不同词义的同义词对在不同的类中，因此实验给出了两种度量指标。

（1）识别的精度 *Precision*：识别出来的同义词对数与总的同义词对数之比。该指标主要是刻画相同的同义词能被学习识别出来的能力。

（2）识别的纯度 *Purity*：$\boldsymbol{Purity = \dfrac{1}{N}\sum_{i=1}^{N}\dfrac{K_i}{N}}$。其中 N 表示测试的同义词对的数目，K_i 表示与第 i 个同义词对不在同一类中的同义词对的个数。

由于精度高时，纯度会变低，因此为了综合评价这两个指标，实验给一个自定义的 *F* 值，公式为 *F=Precision×Purity*。

3. 实验结果

NP-GPMSSG 模型中有一个超参 λ，它的大小决定了聚类的个数。表9-3 给出了不同的 λ 下聚类的数目。当 λ 增大时，聚类数目会减少。

表9-3　不同λ下NP-GPMSSG模型聚类数目

λ 取值	0.05	0.1	0.15	0.2	0.25	0.3
聚类数	5 125 652	4 358 431	3 478 918	2 467 543	1.945 689	1.145 752

表 9-4 给出了不同 λ 下识别同义词的结果。显然，当 λ 增大时，精度增大，而纯度变小了。为了更好地刻画这种趋势，图 9-5 给出了它的走势折线图，显示当 λ=0.20 时，性能最好，因此实验把 λ=0.20 作为模型训练预设参数。

表9-4　不同λ下同义词识别结果

λ	精　度	纯　度	*F* 值
0.05	0.498	0.931	0.464

---

[1]　HUANG E H, SOCHER R, MANNING C D, et al. Improving Word Representations via Global Context and Multiple Word Prototypes[C]//LI H, LIN C Y, OSBORNE M, et al. *Proceedings of the 50th Annual Meeting of the Association for Computational Linguistics: Long Papers-Volume 1*. Jeju Island, Korea: ACL, 2012: 873–882.

λ	精　度	纯　度	F 值
0.10	0.575	0.906	0.521
0.15	0.632	0.868	0.549
0.20	0.681	0.835	0.569
0.25	0.723	0.784	0.567
0.30	0.761	0.738	0.562
0.35	0.795	0.693	0.551

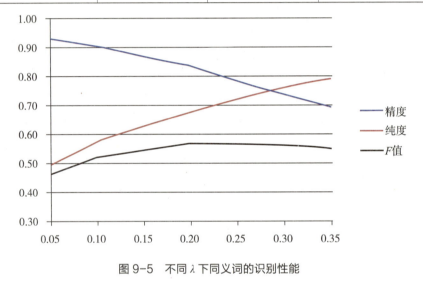

图 9-5　不同 λ 下同义词的识别性能

9.5.3　词典构建评估

NP-GPMSSG 模型的结果本质是把词义相同的词聚成一类，但是由于聚类是根据上下文进行的，导致搭配或高共现通常也被聚为一类。为了挖掘出非规范词—规范词词对，因此必须进行后处理，本框架后处理有两步：过滤和分类。下面对非规范词典构建进行评估。

1. 评测数据集构造

同时，为了训练和评估分类器，实验从训练 NP-GPMSSG 模型的语料中手动标注 500 个非规范词—规范词词对，每个词抽取一条微博，共

1 000 条微博。收集的 500 个词对被随机地划分为三部分：200 个词对作为训练集，100 个词对作为开发集，200 个词对作为测试集。

2. 实验设置

NP–GPMSSG 模型中超参已在上次实验中设置为 $\lambda=0.2$。在过滤阶段，根据经验将判定两个是否搭配或高共现的词对的阈值设置为 0.25。同时，模型把词林作为已存在的同义词词典，另外采用 LIBSVM 模型[①]做分类器。

3. 分类实验结果

除了采用 SVM 分类器，本章还采用了逻辑回归（LR）和决策树（DT）模型。表 9–5 显示了不同分类器的实验结果。从结果可以看出，SVM 分类得到了较好的结果。后面的其他分析将采用 SVM 作为分类器。

表9-5 不同分类器的实验结果

分类器	精　度	召回率	F 值
SVM	0.798 1	0.627 6	0.702 7
LR	0.651 8	0.512 4	0.573 8
DT（4.5）	0.826 4	0.473	0.601 6

4. 嵌入表示模型对分类结果的影响

另一个实验是分析嵌入表示模型对分类结果的影响，实验给出两个基线：

（1）NP-GMSSP。NP-GMSSP 与 NP-GPMSSP 模型类似，但是去掉了位置信息。

（2）Word2Vec。实验没有考虑多词义学习，直接运用 Word2Vec 来训练每个单词的嵌入表示，把与每个目标词最相似的 K 个词作为候选同义词。在实验中 K 设置为 20。

---

① 网址为 https://www.csie.ntu.edu.tw/~cjlin/libsvm/。

实验采用标准的精度、召回率和 F 值进行评估。在实验中，三个系统使用相同的过滤器和分类器，结果显示在表 9-6 中。比较 NP-GMSSG 模型，位置信息能有效减缓语义偏差。此外，结果显示直接使用 Word2Vec，其精度最高，但其召回率较低。这说明当非规范词仅仅有单一的词义时，Word2Vec 能准确找到它的规范形式，但当它包含多个词义时，由于只能用一个向量表示，因此 Word2Vec 并不能较好地匹配它的规范形式，这说明多义表示学习起着重要的作用。

表9-6　不同的嵌入表示模型下分类器的结果

系　　统	精　　度	召回率	F 值
NP-GPMSSG	0.791 8	0.627 6	0.700 2
NP-GMSSG	0.728 5	0.575 8	0.643 2
Word2Vec	0.811 4	0.385 3	0.522 5

9.6　本章小结

本章提出一个从大规模语料中挖掘非规范词—规范词词对的模型框架，采用非监督的方法发现候选非规范词—规范词词对。非规范词和它的规范形式从语义上被看作同义词，为了发现同义词，本章提出一个非参的基于位置的多词义嵌入表示学习模型。其在表示词的多义时，也能同时表示同义关系。该嵌入表示模型在表示学习过程中引入位置，有效减缓了语义表示偏差。实验结果显示，该框架能有效地发现非规范词—规范词词对，能构建一个有效的非规范词典，有实际的应用价值。

第 10 章　微博文本规范化及应用

文本规范化通常是文本的一个预处理过程，本章探索了文本规范化的应用研究，提出一个联合分词、词性标注和文本规范化的模型，在文本规范化的同时进行分词和词性标注，把文本规范化应用于基本的 NLP 任务。本章在传统分词和词性标注的基础上，提出两个联合模型：联合分词与文本规范化模型，联合分词、词性标注和文本规范化模型。

10.1　引　言

微博已成为当前自然语言处理（NLP）领域的一个重要研究领域，先前的工作已经指出传统的 NLP 工具在微博域上并不能得到较好的性能。中文分词是 NLP 最基础的任务，它的好坏决定其他 NLP 任务的性能。然而，当前的标注语料都是基于规范文本的，而微博域缺少相关的标注语料，使得传统的分词工具在微博域并不能获得好的分词性能。最主要的原因之一是微博中存在大量的非规范词，如"给力、妹纸、鸡动"等。

文本规范化是微博的一个预处理过程，其目的是把非规范词转化为规范词，从而转化为规范文本。不同于英文依据一个词是否在词典中来判断其是否为非规范词，中文非规范词的判断是非常困难的。中文非规范词的构成形式具有多样性，如同音词、缩写、音译、重复、释义等。由于非规范词构成的多样性，当前在处理文本规范化任务时，通常根据不同的变化类型训练不同的模型。当前的研究结果显示，文本规范化有助于提升微博域中其他 NLP 任务的性能。①

对于中文微博，由于文本规范化需要预先分词，且规范化有助于分词，因此联合分词和规范化任务是自然的。王（Wang）和阚（Kan）提出了一个联合分词和非规范词检测模型，但并没有对非规范词做规范化处理。② 梶（Kaji）和桐桥（Kitsuregawa）提出基于日文的联合分词、词性标注和文本规范化的模型。③ 他们的模型采用大量标注的非规范文本进行训练，导致其实现代价较大。

本章提出一个分词和规范化联合模型。该模型采用基于迁移的分词模型，扩充迁移行为以实现文本规范化。模型采用规范标注文本进行训练，解决了缺少标注语料的问题；同时训练时融合少量的微博标注文本能同时获取非规范文本及规范文本特征，自然地实行特征扩充，使得该模型具有较好的域适应性。

该联合模型检索非规范词所对应的候选规范词基于上一章自动构建的非规范词典。该词典由非规范词—规范词词对组成。

---

① GIMPEL K, SCHNEIDER N, O'CONNOR B, et al. Part-of-Speech Tagging for Twitter: Annotation, Features, and Experiments[C]//LIN D. *Proceedings of the 49th Annual Meeting of the Association for Computational Linguistics: Human Language Technologies (Volume 2)*. Portland, OR: ACL, 2011:42−47.

② WANG A, KAN M Y. Mining Informal Language from Chinese Microtext: Joint Word Recognition and Segmentation [C]//SCHUETZE H, FUNG P, POESIO M. *Proceedings of the 51st Annual Meeting of the Association for Computational Linguistics (Volume 1: Long Papers)*. Sofia, Bulgaria: ACL, 2013:731−741.

③ KAJI N, KITSUREGAWA M. Accurate Word Segmentation and POS Tagging for Japanese Microblogs: Corpus Annotation and Joint Modeling with Lexical Normalization[C]// MOSCHITTI A, PANG B, DAELEMANS W. *Proceedings of the 2014 Conference on Empirical Methods in Natural Language Processing (EMNLP)*. Doha, Qatar: ACL, 2014: 99−109.

10.2 相关工作

10.2.1 分词与词性标注相关工作

本章的工作也与联合分词、词性标注相关。下面简要介绍分词和词性标注的相关工作。

单词分词是中文 NLP 处理最基础的任务之一。统计方法已成为该任务采用的主要方法。该任务通常被看作一个序列标注任务，分配每个单词一个标签。彭（Peng）等人首先提出采用线性链的条件随机场模型进行分词。[①] 张（Zhang）和克拉克（Clark）提出采用基于词的感知机算法，在算法中引入词信息作为特征。[②] 联合分词和词性标注模型已证明能有效减缓线性模型的错误传播。吴（Ng）和刘（Low）提出在原有分词标记的基础上通过扩充词性标记来实现联合模型。[③] 张（Zhang）和克拉克（Clark）在吴（Ng）和刘（Low）的基础上融入词和词性特征采用线性

① PENG F, FENG F, MCCALLUM A. Chinese Segmentation and New Word Detection Using Conditional Random Fields[C]// *Proceedings of the 20th International Conference on Computational Linguistics*. Geneva, Switzerland: COLING, 2004: 562–568.

② ZHANG Y, CLARK S. Chinese Segmentation with a Word-based Perceptron Algorithm[C]//ZAENEN A, VAN DEN BOSCH A. *Proceedings of the 45th Annual Meeting of the Association for Computational Linguistics*. Prague, Czech Republic: ACL, 2007:840–847.

③ NG H T, LOW J K. Chinese Part-of-Speech Tagging: One-at-a-Time or All-at-Once? Word-based or Character-based?[C]//LIN D, WU D. *Proceedings of the 2004 Conference on Empirical Methods in Natural Language Processing (EMNLP)*. Barcelona, Spain: ACL, 2004:277–284.

模型来解决联合问题。[①] 郑（Zheng）等人提出基于神经网络的联合模型，该模型避免了具体任务的特征工程，采用大量未标注字母来提升字符的内在表示，该模型能有效提升系统性能。[②]

当前分词系统在规范文本的分词时已经达到了较好的性能。然而，它们在微博域中并不能表现得较好。为了研究基于微博的分词模型，SIGHAN[③] 在 2012 年组织了基于微博域的分词竞赛，标注了一部分微博语料，实验分析显示，文本中不含非规范词时，分词性能较好；文本中存在非规范词时，分词性能较差。因此，本章提出在文本规范化的基础上再进行分词是合理的，也是可行的。

10.2.2 感知机算法

本章使用感知作用模型的训练算法。感知机由罗森布拉特（Rosenblatt）在 1958 年提出，是一种线性二分类模型。[④] 该模型的输入是由特征构成的 n 维向量 x，采用线性函数计算。如果结果大于零，则模型输出值为 1，否则输出值为 -1。用公式表示为：

$$f(x) = \begin{cases} 1 & w \bullet x + b > 0 \\ -1 & \text{其他} \end{cases} \tag{10-1}$$

① ZHANG Y, CLARK S. Joint Word Segmentation and POS Tagging Using a Single Perceptron[C]//MOORE J D, TEUFEL S, ALLAN J, et al. *Proceedings of the 46th Annual Meeting of the Association for Computational Linguistics: HLT*. Columbus, OH: ACL, 2008:888−896.

② ZHENG X, CHEN H, XU T. Deep Learning for Chinese Word Segmentation and POS Tagging[C]//YAROWSKY D, BALDWIN T, KORHONEN A, et al. *Proceedings of the 2013 Conference on Empirical Methods in Natural Language Processing (EMNLP)*. Seattle, WA: ACL, 2013: 647−657.

③ DUAN H, SUI Z, TIAN Y, et al. The CIPS−SIGHAN CLP 2012 Chinese Word Segmentation on Microblog Corpora Bakeoff[C]//*Proceedings of the Second CIPS-SIGHAN Joint Conference on Chinese Language Processing*. Tianjin, China: ACL, 2012: 35−40.

④ ROSENBLATT F. The Perceptron: A Probabilistic Model for Information Storage and Organization in the Brain[J]. *Psychological Review*, 1958,65(6): 386−408.

其中，w 表示权重向量，b 表示偏置。权重决定每个特征分量对最终输出的贡献率。

可以把感知机看成是 n 维实例空间的决策超平面：$w{\bullet}x + b=0$，其中 w 为法向量，b 称为截距。此超平面将空间中的点分为正负两类，见图 10-1。如果给定的数据集线性可分，则可将每个样例准确地分为两类，即把两类的点分离为正负两类，因此该超平面称为分离超平面。

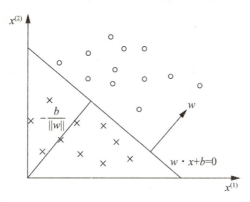

图 10-1　感知机模型

感知机学习算法的目标是找到使得所有样本正确分类的分离超平面，即确定权重向量的值。第一个感知机算法由罗森布拉特（Rosenblatt）提出，定义样本点 X 到超平面的函数间隔为 $|y\,(w{\bullet}x +b)|$。损失函数定义为所有误分类的点到超平面的函数间隔之和。

$$L(w,b) = -\sum_{i \in M} y_i \left(x_i^T + b \right) \qquad （10\text{-}2）$$

其中 M 为误分类样本集。参数更新采用随机梯度下降算法。

为了学习序列标注问题，如词性标注、句法分析，柯林斯（Collins）提出一个泛化的感知机算法。[①] 其训练算法描述如下（算法 10-1）。

———————————

①　COLLINS M. Discriminative Training Methods for Hidden Markov Models: Theory and Experiments with the Perceptron Algorithm[C]//HAJIČ J, MATSUMOTO Y. *Proceedings of the 2002 Conference on Empirical Methods in Natural Language Processing (EMNLP 2002)*. Philadelphia, PA: ACL, 2002: 1–8.

算法 10-1　泛化感知机算法

输入：Training data (x_i, y_i)

输出：权重向量 w

　Initialization: set $w=0$

　for $i=1\cdots n$

　　Calculate $z_i = \arg\max_{z\in \mathrm{GEN}(x_i)} \varPhi(x_i, z)\bullet w$

　　if $(z_i \neq y_i)$ then $w = w + \varPhi(x_i, y_i) - \varPhi(x_i, z_i)$

　return w

其中函数 GEN 返回样本的候选输出集。

该算法主要应用于序列标注任务，但存在一个问题，当训练数据序列太长时，如果初始标注就出现错误，该算法仍要把该数据处理完后才能更新参数，因此存在训练效率低下的问题。为了解决这一问题，柯林斯（Collins）和罗克（Roark）提出提前更新策略：当处理标注数据与标准答案不一致时，则更新参数，处理下一条训练数据。[①] 详细步骤如算法 10-2。

算法 10-2　泛化感知机算法

输入：Training data (x_i, y_i)

输出：权重向量 w

　Initialization: set $w=0$

　for $i=1\cdots n$

　　for $j=1\cdots|x_i|$

---

① COLLINS M, ROARK B. Incremental Parsing with the Perceptron Algorithm[C]// SCOTT D. *Proceedings of the 42nd Annual Meeting of the Association for Computational Linguistics*. Barcelona, Spain: ACL, 2004: 111-118.

$$\text{Calculate } z_j = \arg\max_{z \in \text{GEN}(x_{ij})} \varPhi\left(x_{ij}, z\right) \cdot w$$

$$\text{if } (\ z_j \neq y_{ij}\ ) \text{ then } w = w + \varPhi\left(x_{ij}, y_{ij}\right) - \varPhi\left(x_{ij}, z_j\right)$$

continue

return w

10.3　基于迁移的分词模型

中文分词输入一个未分割的句子，输出一个已分割的序列，可表示成如下最优化问题：给一个句子 x，输出 $F(x)$ 满足：

$$F(x) = \arg\max_{y \in \text{Gen}(x)}(y, w) \qquad (10-3)$$

其中 Gen (x) 表示为可能的分割序列集；函数 $f(y, w)$ 评估生成的分割序列，其中 y 表示生成的序列，w 表示特征权重向量。

本章把 Z&C 作为基线系统。Z&C 是一个基于迁移的分词模型，分词被看作一个迁移序列生成过程。其主要优点在于特征选择上更灵活，不仅可利用字的特征，还可利用词及状态序列的特征。基于迁移的分词模型的目标函数可表示为：

$$f(y, w) = \sum_{i=0}^{|x|} \varPhi\left(x, y_i, a_i\right) \cdot w \qquad (10-4)$$

其值为分割迁移行为评估累加之和。其中，$|x|$ 表示句子 x 的长度，i 表示字符的序号，$\varPhi\left(x, y_i, a_i\right)$ 表示在字符 i 处迁移行为 a_i 的特征向量，w 表示特征权重向量。

一个迁移分词模型被定义为一个四元组 $M=<C,\ T,\ W,\ C_t>$，其中 C 是状态空间，T 是转换集，每一个转换表示为一个函数：$C \rightarrow C_t$，W 是一个输入句子 $c_1 \cdots c_n$，C_t 是一个终态集。模型学习时，对每一个可能迁移，即从一个状态转换到另一个状态进行评估打分。每一个状态是一个四元

组 $ST=<S_i, u, v, c>$，其中 S_i 表示已被分割的前 i 个字符序列，u 表示最后一个被分割的词在句子中的索引，v 表示倒数第二个被分割的词在句子中的索引，c 表示分割序列 S_i 评估值。

图 10-2 给出了分词模型的演绎推理系统。其处理过程如下：系统从左至右对每个字进行处理，处理每个字时，分别执行以下两个迁移行为（或推理规则）。

$$
\begin{aligned}
&\text{Input:} &&w_0 \ldots\ldots w_{n-1}\\
&\text{Axiom:} &&<\varPhi, \ -1, \ -1, \ 0>\\
&\text{Goal:} &&<S_n, \ -, \ -, \ C>\\
&\text{规则:}\\
&\text{SEP}(i): &&\frac{<S_i, \ u, \ -, \ C>}{<S_{i+1}, \ i, \ u, \ c+\alpha>}\\
&\text{APP}(i): &&\frac{<S_i, \ u, \ v, \ c>}{<S_{i+1}, \ u, \ v, \ c+\beta>}
\end{aligned}
$$

图 10-2　基于迁移分词模型的演绎系统

（1）APP（i），把字符 c_i 从未分割队列中删除，并加到已分割的最后一个词的后面构成一个新词，其评估值 $c=c+\alpha$，其中 α 为执行 APP 迁移行为时新增局部评估值。

（2）SEP（i），把 c_i 从未分割队列中去除，把它与最后一个词分割，作为一个可能的新词，其评估值 $c=c+\beta$，其中 β 为执行 SEP 迁移行为时新增局部评估值。

例如，给定句子"工作压力啊！"，一个可能的迁移行列序列可表示如下：SEP（"工"）、APP（"作"）、SEP（"压"）、APP（"力"）、SEP（"啊"）、SEP（"！"）。

10.4　基于迁移的联合分词及文本规范模型

本章所提出的联合模型扩展于基于迁移的分词模型，其处理过程与基于迁移的分词模型类似。主要区别是除了两种迁移行为：APP 和 SEP

外，为了实现文本规范化，该模型引入另一个迁移行为：SEPS。执行该行为时，如果最后一个分割的词在词典存在它的规范词，则用规范词代替该非规范词。此外，联合模型的输出状态包括两种序列：非规范序列和规范序列。其迁移行为函数表示如下。

（1）APP（c_i），把字符 c_i 从未分割队列中删除，并加到已分割的非规范序列最后一个词的后面构成一个新词，规范序列不变。

（2）SEP（c_i），把 c_i 从未分割队列中去除，在已分割的非规范序列中，把它与最后一个词分割，作为一个可能的新词，规范序列保持不变。

（3）SEPS（c_i，word），把 c_i 从未分割队列中去除，在已分割的非规范序列中，把它与最后一个词分割，作为一个可能的新词，把最后一个分割的词用 word 替换，加入规范序列后面。

图 10-3 给出该模型的一个迁移例子。给定句子"工作鸭梨大啊！"，处理当前字"大"时，首先把它从队列中去除，然后分别执行以下三种行为。

句子：工作鸭梨大啊！

	行为	栈		队列	词典
S_i		Org:工作　鸭梨 Nor:工作 ……		大啊！	鸭梨——压力 孩纸——孩子 围脖——微博 盆友——朋友 ……
S_{i+1}	APP("大")	Org:工作　鸭梨大 Nor:工作		啊！	
	SEP("大")	Org:工作　鸭梨　大 Nor:工作　鸭梨			
	SEPS("大"， "压力")	Org:工作　鸭梨　大 Nor:工作　压力 ……			

图 10-3　联合模型的迁移行为的例子

（1）APP（"大"）：在非规范化分割序列中把"大"加到最后一个词"鸭梨"后作为一个词。

（2）SEP（"大"）："大"与"鸭梨"分割作为一个新的单词。

（3）SEPS（"大"，"压力"）：执行 SEP（"大"），且在规范文本分割序列中用"压力"替换上一次 SEP 行为分割的最后一个词"鸭梨"。

例如，给定句子"工作鸭梨大啊！"，一个可能的迁移序列可表示如下：SEP（"工"）、APP（"作"）、SEP（"压"）、APP（"力"）、SEPS（"啊"，"压力"）、SEP（"！"）。

词典替换基于一个非规范词典，词典的每一项由＜非规范词、规范词＞词对组成。由于使用已存在的词典，模型并不需要考虑非规范词的多样性，有助于把文本规范化直接应用其他 NLP 任务。

10.4.1　形式化

本章所提出的联合分词与文本模型跟分词模型相比除了增加行为外，另一个主要区别在于联合模型生成一个分割序列对：规范及非规范序列对。其可表示为公式，给一个句子 x，模型的输出 $F(x)$ 满足：

$$F(x) = \underset{(y,y') \in \text{Gen}(x)}{\arg\max} f(y, y', w) \qquad （10\text{-}5）$$

其中 Gen（x）表示可能的输出序列对。使用打分函数 $f(y, y', w)$ 评估生成的分割序列对，其中 y、y' 分别表示生成的规范及非规范序列，打分函数表示如下：

$$f(y, y', w) = \sum_{i=0}^{|x|} \left(\Phi(x, y_i, a_i) \cdot w + \Phi(x, y_i', a_i) \cdot w \cdot p_i \right) \qquad （10\text{-}6）$$

其中 $\Phi(x, y_i, a_i)$ 表示部分规范化分割序列的特征，$\Phi(x, y_i', a_i)$ 表示部分非规范化分割序列的特征。参数 w 训练采用监督学习的平均感知机学习算法。p_i 是当前词的替换概率，当 a_i 为 APP 与 SEP 时，p_i=1；当 a_i 为 SEPS 时，p_i 为非规范词的替换概率。替换概率等于在训练语料中非规范词被替换的总数与非规范词总数之比。在规范词典中加入替换概率信息，其优点是在缺乏上下文的情况下可根据转换概率判断是否可替换，弥补了训练语料不足的缺点。例如，句子"鸭梨大啊！"，在缺乏上下文的情况下不一定转换为"压力大啊！"，可根据替换概率来决定是否替换。

由于该联合模型生成了规范及非规范分割序列对，它能获得两类特征，即非规范和规范文本特征，因此该模型具有以下优点。

（1）采用规范文本特征，该模型能直接使用大量已标注的规范语料文本进行训练，克服了微博文本缺少语料的问题。

（2）使用两类特征，其中规范文本特征可作为公共特征，非规范化文本作为领域特征，自然地实现了特征扩充，使得模型具有较好的域适应性。

后面的实验显示，利用大量的规范语料、少量的微博语料进行训练，模型性能得到较大提升。

10.4.2　解码和训练

解码算法采用基于束的宽度搜索算法。对于待分词的句子，从左至右地处理每个字符，在处理一个字符时，分别执行三种迁移行为：APP、SEP 和 SEPS；产生新的输出序列集，同时保留 N 个评分最高的候选输出序列；然后在当前候选输出序列的基础上处理下一个字符，直到处理完所有字符；最后输出评分最高的候选输出序列。算法 10-3 给出了详细的伪代码，其中 agenda 储存当前的候选输出状态序列集；迁移函数 SEPS 包含 4 个参数：当前状态 state，待处理字符 sent[idx]，候选规范词 word，word 的替换概率 p（word）；ADDITEM 表示把一个新的状态加入候选输出状态序列集中；N–Best 表示从当前的 agenda 返回前 N 个分数最高的候选项；GetNorWord 表示在非规范词典中检索非规范词时所对应的候选规范词。

算法 10-3　解码器

输入：sent: 待解码句子，Dictionary

输出：Best normalization sentence

```
agenda ← NULL
for idx in [0..LEN（sent）]:
  for state in agenda:
    new ← APP（state,sent[idx]）
    ADDITEM（agenda, new）
    new ← SEP（state, sent[idx]）
    ADDITEM（agenda, new）
    norWords ← GetNorWord（cand.lastWord）
    for word in norWords
      new ← SEPS（state, sent[idx],word, p（word））
      ADDITEM（agenda, new）
  agenda ← N-BEST（agenda）
return BEST（agenda）
```

  训练过程与解码算法过程类似，区别在于当训练结果与标准不一致时，对参数进行更新。学习算法采用基于泛化的感知机算法，参数更新采用柯林斯（Collins）和罗克（Roark）所提的"提前更新"策略。[①] 算法 10-4 给出了训练的详细伪代码。在处理过程中，参数在两处执行了更新。依次执行每个字符，若当前的状态集中没有状态与标准答案相符，则更新参数，停止向下继续搜索，程序返回执行下一句子。若一个句子依次处理完成，则判断候选状态中打分最高的状态是否与标准答案相符，如不一致，则更新参数。

算法 10-4　训练器

输入：Informal-sentence, Gold-standard, w, Dictionary, P
输出：w

```
agenda ← NULL
```

---

① ZHANG Y, CLARK S. A Fast Decoder for Joint Word Segmentation and POS-Tagging Using a Single Discriminative Model[C]// LI H, MÀRQUEZ L. *Proceedings of the 2010 Conference on Empirical Methods in Natural Language Processing*. Cambridge, MA: ACL, 2010: 843-852.

```
for idx in [0..LEN（sent）]:
    for  state in agenda:
        new ← APP（cand, sent[index]）
        ADDITEM（agenda, new）
        new ← SEP（cand, sent[index], POS）
        ADDITEM（agenda, new）
        norWords ← GetNorWord（cand.LastWord）
        for word in norWords
            new ← SEPS（cand, sent[index], word, p（word））
            ADDITEM（agenda, new）
        agenda ← N-BEST（agenda）
        if（no item in agenda equals gold-standard[0:index]）
            w ← w + Φ（gold-standard[0:index]）− Φ（BEST（agenda）
            return;
    if BEST（agenda）!= gold-standard:
        w ← w + Φ（gold-standard）− Φ（BEST（agenda））
        return
    return w
```

10.4.3　特　征

本模型使用了 Z&C 所使用的全部特征模板，包括基于字、词的特征模板，同时引入规范词特征。详细的特征模板见表 10-1。其中 c 表示字符，w 表示非规范序列的词，n 表示规范序列的词，word-n-gram 表示基于词的语言模型。Len 表示长度，start、end 分别表示词前缀、词后缀字符。模型所引入的特征模板共分为五类：基于字符的特征模板，基于非规范序列字、词组合特征模板，基于规范序列字、词组合特征模板，基于非规范词—规范词词对的组合特征模板和基于语言模型的特征模板。

表10-1　特征模板

序　号	特征模板	适应迁移行为
1	$c_{-1}c_0$	APP

续　表

序　号	特征模板	适应迁移行为
2	w_{-1}	SEP
3	$w_{-2}w_{-1}$	SEP
4	$w-1$, where len $(w_{-1})=1$	SEP
5	start (w_{-1}) len (w_{-1})	SEP
6	end (w_{-1}) len (w_{-1})	SEP
7	end (w_{-1}) c_0	SEP
8	c_{-1}end (w_{-1})	SEP
9	$w_{-1}c_0$	SEP
10	end (w_{-2}) w_{-1}	SEP
11	start (w_{-1}) c_0	SEP
12	end (w_{-2}) end (w_{-1})	SEP
13	w_{-2}len (w_{-1})	SEP
14	len (w_{-2}) w_{-1}	SEP
15	$w_{-2}w_{-1}c_0$	SEP
16	n_{-1}	SEP,SEPS
17	$n_{-2}n_{-1}$	SEP,SEPS
18	n_{-1}, where len $(n_{-1})=1$	SEP,SEPS
19	start (n_{-1}) len (n_{-1})	SEP,SEPS
20	end (n_{-1}) len (n_{-1})	SEP,SEPS
21	end (n_{-1}) c_0	SEP,SEPS
22	begin (c_{-1}) end (n_{-1})	SEP,SEPS
23	$n_{-1}c_0$	SEP,SEPS
24	end (n_{-2}) n_{-1}	SEP,SEPS
25	start (n_{-1}) c_0	SEP,SEPS
26	end (n_{-2}) end (n_{-1})	SEP,SEPS

续　表

序　号	特征模板	适应迁移行为
27	$n_{-2}\text{len}(n_{-1})$	SEP,SEPS
28	$\text{len}(n_{-2})n_{-1}$	SEP,SEPS
29	$n_{-2}n_{-1}c_0$	SEP,SEPS
30	$w_{-1}n_{-1}$	SEP,SEPS
31	$w_{-1}n_{-1}c_0$	SEP,SEPS
32	$w_{-2}w_{-1}n_{-1}$	SEP,SEPS
33	$w_{-2}w_{-1}n_{-1}c_0$	SEP,SEPS
34	$\text{word-1-gram}(n_{-1})$	SEP,SEPS
35	$\text{word-2-gram}(n_{-2}n_{-1})$	SEP,SEPS
36	$\text{word-3-gram}(n_{-2}n_{-1})$	SEP,SEPS

本章引入基于语言模型的特征。主要原因是缺少标注语料，传统的特征对于文本标准化任务来说所包含的信息太少。许多研究指出语言统计信息对文本规范化有着重要的作用。

本章从基于词的语言模型抽取语言统计特征。语言模型从标准的规范文本中构建，本章实验学习了三个语言模型，分别是一元、二元、三元模型。其对应的特征模板如下：

word-1-gram, word-2-gram, word-3-gram。

每类模型按概率分成十个等级，对应于十个特征模板。例如，如果二元单词"压力 - 大"的概率在第二级中，则其特征表示为"word-2-gram=2"。

本章实验采用 SRILM tools[①] 在 Gigaword Corpus[②] 上训练语言模型。实验结果显示，语言统计特征同时提升了文本标准化和分词的性能。

---

① 网址为 http://www.speech.sri.com/projects/srilm/。

② 网址为 https://catalog.ldc.upenn.edu/LDC2003T05。

10.5 实验数据集

10.5.1 微博语料标注

为了训练和评估该模型，本章开发了一个微博语料库。该语料从新浪微博中抽取，对 URL、情感符、用户名、标签做预处理，最后得到了 5 894 个微博文本，包含 32 061 个词。

两个具有语言学背景的学生手工标注了它们的词边界及完成文本规范化。分词采用 CTB 标准。非规范词一共标注了 1 071 个，其中包含 658 个不同的非规范词—规范词词对。非规范词占整个语料的 3.3%

为了验证每一个非规范词通常有一个对应的规范词的假设，本章分析了标注的一致性。表 10-2 统计了标注情况。其 Cohen's Kappa 值为 0.95。这表明非规范词是容易被人工标注的。

表10-2 非规范词的频率分布和标注一致性

类　　型	数　　量	比　　率	一致性
语音替换	572	0.87	0.95
缩写	69	0.105	0.97
释义	17	0.025	0.9
总计	658	1	0.95

10.5.2 非规范词典

构建大规模的非规范词典是非常困难的，实验所用词典采用上一章方法构建，为了扩充词典，本章采用基于规则的方法生成可能的非规范词。虽然非规范词具有多样性，但是非规范词的生成具有一定的规律，如采用组合、音借、缩写、同音、重复等方式生成。本章利用已识别的

"规范—非规范"词对学习出生成模式，从而构建更多可能的"规范—非规范"词对。例如，在"妹子—妹纸"中，采用模式：子→纸，把"妹子"变成"妹纸"。使用这种方式能生成更多的词对，如"汉子—汉纸""男子—男纸""孙子—孙纸"。

为了保证词典质量，两个方法都采用人工辅助监督，在实验中一共构建了 32 787 个"规范—非规范"词对。

实验对每个"规范—非规范"词对，统计出替换概率。考虑到在缺乏上下文的情况下无法判断是否应该替换，如"鸭梨好大啊"，是否用"压力"替换"鸭梨"可根据替换概率来判断，这样可部分弥补训练语料不足的缺点。

10.6　基于迁移的联合分词、词性标注及文本规范化模型

10.6.1　基于迁移的联合分词、词性标注模型

为了减少错误传播，联合模型已被广泛使用于各类自然语言处理问题，如词性标注、句法解析等。本章把克朗凯（Kruengkrai）等人提出的联合分词与词性标注作为基线。它在基于迁移的基础上，在原有迁移函数中通过增加词性参数实现联合处理。联合模型的迁移函数分别如下。

（1）APP（c_i），把字符 c_i 从未分割队列中删除，并加到已分割的最后一个词的后面构成一个新词，其词性保持不变。

（2）SEP（c_i, pos），把 c_i 从未分割队列中去除，把它与最后一个词分割，作为一个可能的新词，其词性为 pos。

图 10-4 是一个联合分词和词性标注模型迁移的例子。给定句子"工作压力大啊！"，处理当前字"大"时，首先把它从队列中去除掉，然后分别执行以下行为。

（1）APP（"大"）：在非规范化分割序列中把"大"加到最后一个单词"压力"后作为一个词。

（2）SEP（"大"，pos）："大"与"压力"分割作为一个新的单词，且新词"大"被标注为词性 pos。

	行为	栈	队列
s_{i-1}		工作 /NN 压力 /NN	大啊！
s_i	APP（"大"）	工作 /NN 压力大 /NN	啊！
	SEP（"大"，VA）	工作 /NN 压力 /NN 大 /VA	

图 10-4　联合分词和词性标注模型迁移行为的例子

使用同样的例子"工作压力大啊"，一个可能执行的迁移行为序列为：SEP（"工"）、APP（"作"）、SEP（"压"，"NN"）、APP（"力"）、SEP（"大"，"VA"）、SEP（"啊"，"SP"）、SEP（"！"，"PU"）。

10.6.2　基于迁移的联合分词、词性标注及文本规范化模型

在联合分词与词性标注的基础上，本章提出了基于迁移的联合分词、词性标注及文本规范化模型。与联合分词与文本规范化模型相似，它通过增加另一个迁移行为 SEPS 来实现文本规范化，执行该行为时，如果最后一个分割的词在词典中存在它的规范词，则用规范词代替该非规范词，同时标注给定的词性。其迁移行为函数分别表示如下。

（1）APP（c_i），把字符 c_i 从未分割队列中删除，并加到已分割的非规范序列最后一个词的后面构成一个新词，规范序列不变。

（2）SEP（c_i，pos），把 c_i 从未分割队列中去除，在已分割的非规范序列中，把它与最后一个词分割，作为一个可能的新词，其词性标注为 pos，规范化序列保持不变。

（3）SEPS（c_i，pos，word），把 c_i 从未分割队列中去除，在已分割的非规范序列中，把它与最后一个词分割，作为一个可能的新词，词性

标注为 pos，把最后一个分割的词用 word 替换，词性保持不变，加入规范序列后面。

图 10-5 为一个联合分词、词性标注和文本规范化模型迁移的例子。对于例子"工作鸭梨大啊！"，当处理当前字"大"时，首先把它从队列中去除，然后分别执行以下三种行为。

（1）APP（"大"）：在非规范化分割序列中把"大"加到最后一个单词"鸭梨"后作为一个词。

（2）SEP（"大"，"VA"）："大"与"鸭梨"分割作为一个新的单词，并且标注"大"的词性为"VA"。

（3）SEPS（"大"，"VA"，"压力"）：执行 SEP（"大"，"VA"），且在规范文本分割序列中用"压力"替换上一次 SEP 行为分割的最后一个词"鸭梨"。

例如，给定句子"工作鸭梨大啊！"，一个可能的迁移序列可表示如下：SEP（"工"，"NN"）、APP（"作"）、SEP（"压"，"VA"）、APP（"力"）、SEPS（"啊，压力"，"NN"）、SEP（"！"，"PU"）。

句子：工作鸭梨大啊！

	行为	栈	队列	词典
S_i		Org:工作/NN　鸭梨/NN Nor:工作/NN	大啊！	鸭梨——压力 孩纸——孩子 围脖——微博 盆友——朋友 ……
S_{i+1}	APP（"大"，"VA"） SEP（"大"） SEPS（"大"，"压力"，"VA"）	Org:工作/NN　鸭梨大/NN Nor:工作/NN Org:工作/NN　鸭梨/NN　大/NA Nor:工作/NN　鸭梨/NN Org:工作/NN　鸭梨/NN　大/NA Nor:工作/NN　压力/NN ……	啊！	

图 10-5　联合分词、词性标注和文本规范化模型迁移的例子

联合分词、词性标注及文本规范化模型与联合分词和词性标注模型使用同样的目标函数、训练及解码器，不同点是在特征选择上增加了词性特征。实验增加的特征模板如表 10-3 所示。

表10-3　联合分词、词性标注和文本规范化模型特征模板

序　号	特征模板	适应迁移行为
1	$w_{-1}t_{-1}$	SEP,SEPS
2	$t_{-1}t_0$	SEP,SEPS
3	$t_{-2}t_{-1}t_0$	SEP,SEPS
4	$w_{-1}t_0$	SEP,SEPS
5	$t_{-2}w_{-1}$	SEP,SEPS
6	$w_{-1}t_{-1}\text{end}(w_{-2})$	SEP,SEPS
7	$w_{-1}t_{-1}c_0$	SEP,SEPS
8	$c_{-2}c_{-1}c_0t_{-1}$	SEP,SEPS
9	$\text{start}(w_0)t_{-1}$	SEP,SEPS
10	$t_{-1}\text{start}(w_{-1})$	SEP,SEPS
11	t_0c_0	SEP,SEPS
12	$c_0t_0\text{start}(w_{-1})$	SEP,SEPS
13	t_0c_0	SEP,SEPS
14	$c_0t_0\text{start}(w_0)$	APP
15	$ct_{-1}\text{end}(w_{-1})$	SEP,SEPS
16	$c_0t_0\text{cat}(\text{start}(w_0))$	SEP,SEPS
17	$c_0t_0c_{-1}t_{-1}$	SEP,SEPS
18	$c_0t_0c_{-1}t_{-1}$	SEP,SEPS
19	$n_{-1}t_{-1}$	SEP,SEPS
20	$t_{-1}t_0$	SEP,SEPS
21	$t_{-2}t_{-1}t_0$	SEP,SEPS

续　表

序　号	特征模板	适应迁移行为
22	$n_{-1}t_0$	SEP,SEPS
23	$t_{-2}n_{-1}$	SEP,SEPS
24	$n_{-1}t_{-1}\text{end}(n_{-2})$	SEP,SEPS
25	$n_{-1}t_{-1}c_0$	SEP,SEPS
26	$c_{-2}c_{-1}c_0t_{-1}$	SEP,SEPS
27	$\text{start}(n_0)t_{-1}$	SEP,SEPS
28	$t_{-1}\text{start}(n_{-1})$	SEP,SEPS
29	t_0c_0	SEP,SEPS
30	$c_0t_0\text{start}(n_{-1})$	SEP,SEPS
31	t_0c_0	SEP,SEPS
32	$c_0t_0\text{start}(n_0)$	SEP,SEPS
33	$ct_{-1}\text{end}(n_{-1})$	SEP,SEPS
34	$c_0t_0\text{cat}(\text{start}(n_0))$	SEP,SEPS
35	$c_0t_0c_{-1}t_{-1}$	SEP,SEPS
36	$c_0t_0c_{-1}t_{-1}$	SEP,SEPS

10.6.3　实验设置

标注的实验数据按 7∶1∶2 分成三部分：训练集、开发集、测试集。实验采用两类训练数据进行训练：一是直接用 CTB[①] 进行训练；二是融合 CTB 和微博语料进行训练。由于微博语料太少，实验没有单独采用微博语料用于训练。

---

① 网址为 https://catalog.ldc.upenn.edu/LDC2010T07。

实验采用传统的精度 P、召回率 R 及 F 值对分词、词性标注及文本规范化进行评估。公式如下：

$$P = \frac{正确识别出来的个数}{识别出来的个体总数}$$

$$R = \frac{正确识别的个体总数}{测试集中存在的个体数}$$

$$F = \frac{2PR}{P+R}$$

此外，实验也采用召回率表示测试集中规范词、非规范词和所有词的识别精度：

$$规范词的召回率：NR = \frac{分词正确的规范词}{测试集中的规范词}$$

$$非规范词的召回率：IR = \frac{分词正确的非规范词}{测试集中的非规范词}$$

$$所有词的召回率：ALLR = \frac{分词正确的所有词}{测试集中的所有词}$$

10.6.4 联合分词和规范化实验结果

1. 基　线

为了比较实验结果，实验中采用以下两种基线做比较。

（1）Stanford[①]：采用 Stanford 分词器直接对微博语料进行分词。

（2）pipeline（S;N;T）：它是一个 pipeline 方法，即首先分词，然后文本规范化。两个独立模型都是使用基于迁移的模型，不同之处在于其特征使用不同，分词模型没有使用规范化特征，文本规范化模型则不需要分词。

2. 开发集调参

在实验中，开发集主要用来确定束搜索的宽度及训练次数。实验在调参训练时，使用了 CTB+Weibo 混合语料进行训练，特征使用了全部特征，包括语言模型特征。

---

① 网址为 http://nlp.stanford.edu/software/index.shtml。

　　图 10-6 显示了不同束的搜索宽度下分词性能。可以观察到，当束宽度从 1 到 32 时，分词精度增加，然而当束宽度为 16 时，则性能增加较慢。当训练循环次数小于 16 时，束宽度为 32 的精度要好于束宽度为 16 的精度，然而当训练次数大于 16 后，束宽度为 32 的精度并不总是好于束宽度为 16 的精度。

　　图 10-7 给出了束宽度为 16 时不同循环次数的分词和文本规范的性能。可以发现，当循环次数大于28后，分词和文本规范化性能增长较慢。综合图 10-6 和图 10-7，实验设置束宽度为 16，循环次数为 33。

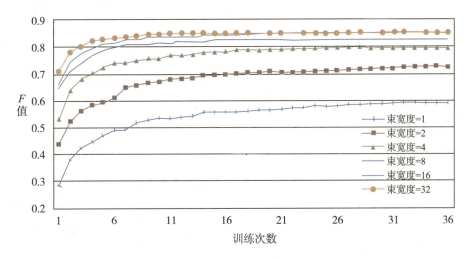

图 10-6　联合模型分词在不同束搜索宽度及循环次数的性能

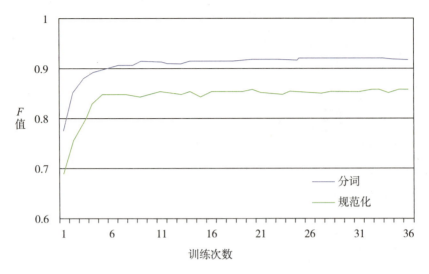

图 10-7　联合模型分词和文本规范化在不同循环次数的性能

3. 结　果

表 10-4 和表 10-5 分别给出了开发集和测试集在不同的训练集下的结果。其中，S;N 表示 pipeline 模型；SN 表示本章所提出的联合分词与规范化模型；"模型 +lm"表示在原模型的基础上增加语言模型特征。可以看出，传统 NLP 工具在微博域上并不能取得较好的性能，采用 Stanford分词器时，其开发集和测试集的分词性能分别为 87.87% 和 88.86%。

表10-4　开发集结果

模　型	CTB 训练		CTB+Weibo 训练	
	Seg-F1	Nor-F1	Seg-F1	Nor-F1
Stanford	0.878 7	—	—	—
S;N	0.864 9	0.404 5	0.894 2	0.453 4
SN	0.873 9	0.417 7	0.903 1	0.461 0
S;N+lm	0.913 1	0.473 8	0.922 8	0.516 7
SN+lm	0.922 1	0.610 2	0.931 5	0.649 8

表10-5　测试集结果

模　型	CTB 训练		CTB+Weibo 训练	
	Seg–$F1$	Nor–$F1$	Seg–$F1$	Nor–$F1$
Stanford	0.888 6	—	—	—
S;N	0.888 5	0.405 8	0.895 6	0.449 8
SN	0.894 4	0.420 7	0.903 7	0.470 3
S;N+lm	0.913 2	0.617 6	0.920 3	0.628 6
SN+lm	0.924 0	0.639 2	0.931 4	0.652 1

表 10-6 为开发集上规范词、非规范词及所有词的识别精度。NR 为规范词的召回率，IR 为非规范词的召回率，$ALLR$ 为所有词的召回率。

表10-6　开发集上规范词、规范词及所有词的识别精度

模　型	CTB 训练			CTB+Weibo 训练		
	NR	IR	$ALLR$	NR	IR	$ALLR$
S;N	0.861 1	0.500 0	0.852 4	0.890 9	0.742 4	0.887 3
SN	0.861 4	0.655 3	0.855 2	0.891 1	0.844 7	0.889 0
S;N+lm	0.904 3	0.412 9	0.892 5	0.925 1	0.617 4	0.917 7
SN+lm	0.904 5	0.765 2	0.900 9	0.925 5	0.878 8	0.924 4

（1）与 pipeline 比较：实验的主要目标之一是验证文本规范词是否有助于提升微博域的分词性能。从表 10-4 和表 10-5 可以看到，联合模型的性能要比 pipeline 的性能高。说明文本规范化有助于提高分词效果，且两个任务彼此受益。

分词性能提升不是很高，这主要是由于非规范词在语料中所占比重太小（只占语料的 1.6%）。此外，表 10-6 也给出了开发集中规范词和非规范词的识别精度（即召回率）。可以观察到，使用词典后，非规范词的

识别率有了较大的提高，且规范词也有小幅的提升，说明文本规范化不仅有助于非规范词的识别，而且有助于规范词的分割。

（2）语言模型的影响：从表 10-4 和表 10-5 中可以看出，当使用语言统计特征时，分词和文本规范化性能得到较大提升，说明使用语言统计特征不仅有助于文本规范化，而且能帮助微博分词。

此外，观察表 10-6，使用语言模型特征后，联合模型 SN+lm 中非规范词的分词性能得到较大提升；但对于 pipeline 模型 S;N+lm，非规范词的分词性能反而下降了。产生这种现象的主要原因是由于非规范词的低频性，在使用语言特征时，含有非规范词的文本评估得分会较低，导致不能正确分词，甚至影响规范词的分割。而当把它规范化后，评估分数会相应提升。这说明直接在微博文本中使用语言统计特征会产生副作用，而本章所提联合模型更适合使用它。

（3）训练数据集的影响：实验采用两类数据做训练，一类是只采用规范数据 CTB 作为训练语料，另一类是采用 CTB+Weibo 作为训练语料。从实验结果可以看出，本模型采用规范数据文本进行训练就能取得不错的性能。当在规范数据的基础上仅加入少量的 Weibo 数据就能取得较好的效果。这说明了本模型具有两个优点：①能直接使用大量已标注的规范语料文本进行训练，克服了微博文本缺少语料的问题。②使用两类特征，其中规范文本特征可作为公共特征，非规范化文本作为领域特征，自然实现了特征扩充，使用模型具有较好的域适应性。

10.6.5　联合分词、词性标注和规范化实验结果

下面讨论联合分词、词性标注和规范化模型的实验结果。

1.基　线

为了比较实验结果，实验中与以下 3 种基线做比较。

（1）ST：联合分词与词性标注模型，实现基于张（Zhang）和克拉

克（Clark）所提出的模型。① 其主要目的是验证本章所提出的联合模型是如何提高分词与词性标注性能的。

（2）S;N;T：它是一个 pipeline 方法，即首先分词，然后文本规范化，再标注词性。三个独立模型都使用基于迁移的模型，不同之处在于其使用特征不同，分词模型没有使用词性特征，文本规范化模型使用了分词信息，词性标注模型并不需要分词。

（3）SN;T：它是另一个 pipeline 方法，即首先执行联合分词与文本规范化，然后标注词性。同样，联合分词与文本规范化并没有使用词性特征，词性标注也不需要分词。

同上一节实验类似，本实验采用两类训练语料。

2. 实验结果

表 10-7 给出测试集在两种不同训练数据下的最终结果。表中，Seg-$F1$ 表示分词 F 值，Pos-$F1$ 表示词性 F 值，Nor-$F1$ 表示文本规范化 F 值。比较 ST 和 SNT 模型，文本规范化能有助于提高分词与词性标注的性能。加入语言模型特征，SNT 获得较大提升，在混合语料训练下，分词错误率降低 12.02%，词性标注错误率降低 3.63%。

表10-7　联合模型在不同训练集语料的测试结果

模　型	CTB 训练			CTB+Weibo 训练		
	Seg-$F1$	Pos-$F1$	Nor-$F1$	Seg-$F1$	Pos-$F1$	Nor-$F1$
ST	0.893 4	0.826 3	—	0.901 5	0.826 8	—
S;N;T	0.888 5	0.819 7	0.405 8	0.895 6	0.823 7	0.449 8
SN;T	0.894 4	0.828 7	0.420 7	0.903 7	0.834 5	0.470 3

① 　ZHANG Y, CLARK S. Chinese Segmentation with a Word-based Perceptron Algorithm[C]//ZAENEN A, VAN DEN BOSCH A. *Proceedings of the 45th Annual Meeting of the Association for Computational Linguistics*. Prague, Czech Republic: ACL, 2007: 840-847.

模　型	CTB 训练			CTB+Weibo 训练		
	Seg-$F1$	Pos-$F1$	Nor-$F1$	Seg-$F1$	Pos-$F1$	Nor-$F1$
SNT	0.899 5	0.829 6	0.439 1	0.909 5	0.838 4	0.497 9
ST+lm	0.916 2	0.840 1	—	0.925 7	0.849 7	—
S;N;T+lm	0.913 2	0.834 1	0.617 6	0.920 3	0.845 5	0.628 6
SN;T+lm	0.924 0	0.843 9	0.639 2	0.931 4	0.854 2	0.649 9
SNT+lm	0.926 1	0.845 9	0.641 3	0.935 8	0.856 1	0.652 1

实验的另一个目标是为验证分词、词性标注和文本规范化三个任务能相互影响。比较 SN;T 与 S;N;T 模型，联合分词与规范化能彼此影响，相互提升性能。在另一方面，比较 SN;T 与 SNT，其结果也说明词性特征能有助于分词和文本规范化。综合以上分析，联合的分词、词性标注与文本规范化模型能使这三个任务彼此受益。

非规范化词典在本模型中起着重要的作用。它间接减少了 OOV 词的数量，同时简化了模型的复杂度，有助于实际应用。词典的覆盖率对性能有较大影响。从直觉上来说，当词典的覆盖率高时，其测试性能相应也高。在实验中，词典的覆盖率在开发集及测试集中分别是 45.8% 和 48.2%。

为了进一步调查词典的作用，实验手动构建了十个词典，其在测试集中的覆盖率分别是 10%，20%，……，100%。图 10-8 显示了在混合语料训练下，模型 SNT+lm 与模型 ST+lm 采用不同的词典在测试集中的性能。可以看出，当词典覆盖率增加时，两个模型的 F 值也相应增加。当覆盖率高于 20% 时，联合模型的覆盖率超过了基线系统。

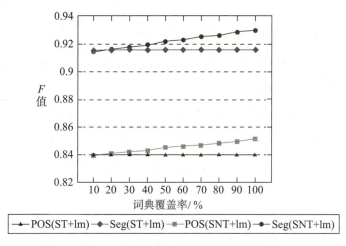

图 10-8　不同的词典覆盖率系统性能

另外，实验结果也进一步验证了训练数据集的影响，本模型采用规范数据文本进行训练就能取得不错的性能，在规范数据的基础上仅加入少量的 Weibo 数据就能取得较好的效果。模型具有以下两个优点。

（1）能直接使用大量已标注的规范语料文本进行训练，克服了微博文本缺少语料的问题。

（2）使用两类特征，其中规范文本特征可作为公共特征，非规范化文本作为领域特征，自然实现了特征扩充，使用模型具有较好的域适应性。

3. 错误分析

通过错误分析，对于存在于规范词典中的非规范词，模型主要存在以下两类错误。

（1）对于一对多的词容易分词错误。例如，美偶——美国偶像。由于"美国偶像"包含两个词"美国"和"偶像"，模型在将"美偶"规范化为"美国偶像"后，没有做进一步分词处理。

（2）数字音借词识别错误。例如，"7456"在上下文中应规范化为"气死我了"，但被识别为数字。这类错误是很难识别的，识别时需要更多的上下文信息。

10.6.6　文本标准化结果

另一个有意义的实验是文本标准化的结果的比较。本章比较以下两个存在的文本标准化方法。

（1）WangDT：该方法把文本规范化看作一个分类问题。研究者采用基于规则及统计特征来构建分类器，实验采用决策树分类器。

（2）LYTop1：LY 把文本规范化看作一个评级任务，提出采用条件 log 线性模型进行文本标准化。实验选择最高得分的词作为规范词。

因为没有训练语料，与先前的工作做比较是件困难的事件。为了训练两个模型，实验采用同样的划分，把本章所标注模型划分为两部分：1 000 条作为训练集，1 000 条作为测试集。

实验采用 Stanford tool 对语料进行重新分词。对于非规范词检测，WangDT 采用 CRF 工具，而 LYTop1 直接采用实验所检测的非规范词，因此与实验模型的召回率是相同的。

由于本章所提出的联合模型采用词典外部资源，相对于另外两个模型是不公平的，但该实验结果能部分反映一些现象。表 10-8 给出了实验结果，联合模型的性能要好于其他两个模型，特别是精度要高出许多。其原因之一是打分基于整个句子特征，而另两个模型是基于局部的窗口特征。

表10-8　不同系统的文本规范化结果

模　型	P	R	F
SN+lm	0.876 1	0.499 5	0.636 2
WangDT	0.602 3	0.521 8	0.559 2
LYTop1	0.622 4	0.499 5	0.554 2

10.7　本章小结

本章探索中文文本规范化应用研究，提出一个基于迁移的联合分词、词性标注和规范化模型，该模型能有效利用标准的标注语料进行训练，克服了缺少语料的问题。实验使用两类特征对模型打分，其中规范文本特征可作为公共特征，非规范化文本作为领域特征，自然地实现了特征扩充，使该模型具有较好的域适应性。实验结果显示，联合模型能使三个任务彼此受益，且语言统计特征有助于提高它们的性能。

在本模型中，非规范词替换基于一个构建的非规范词典，其优点是避免了非规范词的多样性，简化了规范化任务，有利于应用于实际任务中。该联合模型代码及标注数据集被发布在网址：https∶//github.com/qtxcm/JointModelNSP.

参考文献

[1] 布罗斯纳安 . 中国和英语国家非语言交际对比 [M]. 毕继万 , 译 . 北京 :
北京语言学院出版社 , 1991.

[2] 中国大百科全书出版社编辑部 . 中国大百科全书·语言文字 [M]. 北京 :
中国大百科全书出版社 , 1988.

[3] 杨平 . 非语言交际述评 [J]. 外语教学与研究 , 1994(3): 1–6, 80.

[4] 王广新 . 网络课程论坛内社会临场感的结构与影响因素 [J]. 电化教育
研究 , 2008(11): 48–52.

[5] 张鲁民 , 贾焰 , 周斌 , 等 . 一种基于情感符号的在线突发事件检测方法
[J]. 计算机学报 , 2013, 36(8): 1659–1667.

[6] 黄发良 , 冯时 , 王大玲 , 等 . 基于多特征融合的微博主题情感挖掘 [J].
计算机学报 , 2017, 40(4): 872–888.

[7] 张熙来 , 周俊祥 , 姬东鸿 . 面向社交媒体的分级注意力表情符预测模型
[J]. 计算机应用研究 , 2020, 37(7): 1931–1934.

[8] 陈亚茹 , 陈世平 . 融合自注意力机制和 BiGRU 网络的微博情感分析模
型 [J]. 小型微型计算机系统 , 2020, 41(8): 1590–1595.

[9] 何炎祥 , 孙松涛 , 牛菲菲 , 等 . 用于微博情感分析的一种情感语义增强
的深度学习模型 [J]. 计算机学报 , 2017, 40(4): 773–790.

[10] 魏韡 , 向阳 , 陈千 . 中文文本情感分析综述 [J]. 计算机应用 , 2011,
31(12): 3321 –3323.

[11] 李然 , 林政 , 林海伦 , 等 . 文本情绪分析综述 [J]. 计算机研究与发展 ,
2018, 55(1): 30–52.

[12] 黄磊, 李寿山, 周国栋. 基于句法信息的微博情绪识别方法研究 [J]. 计算机科学, 2017, 44(2): 244-249.

[13] 李逸薇, 李寿山, 黄居仁, 等. 基于序列标注模型的情绪原因识别方法 [J]. 中文信息学报, 2013, 27(5): 93-99.

[14] 慕永利, 李旸, 王素格. 基于 E-CNN 的情绪原因识别方法 [J]. 中文信息学报, 2018, 32(2): 120-128.

[15] 张子睿, 刘云清. 基于 BI-LSTM-CRF 模型的中文分词法 [J]. 长春理工大学学报 (自然科学版), 2017, 40(4): 87-92.

[16] 陈兴蜀, 吴小松, 王文贤, 等. 基于特征关联度的 K-means 初始聚类中心优化算法 [J]. 四川大学学报 (工程科学版), 2015, 47(1): 13-19.

[17] 徐琦. 虚拟学习社区中的社会存在感研究 [D]. 曲阜: 曲阜师范大学, 2006.

[18] 李肖锋. 虚拟学习社区社会存在感影响因素研究 [D]. 长春: 吉林大学, 2011.

[19] 袁丽. 基于文本的情绪自动归因方法研究 [D]. 哈尔滨: 哈尔滨工业大学, 2014: 49-60.

[20] ROSS R S. *Speech Communication: Fundamentals and Practice*[M]. Englewood Cliffs, NJ: Prentice-Hall, 1977.

[21] MALANDRO L A, BARKER L L. *Nonverbal Communication*[M]. Reading, MA: Addison Wesley Publishing Company, 1983.

[22] ARGYLE M. *Bodily Communication*[M]. 2nd ed. New York, NY: Methuen, 1988.

[23] SHORT J, WILLIAMS E, CHRISTIE B. *The Social Psychology of Telecommunications*[M]. London: Wiley, 1976.

[24] WALTHER J B, PARKS M R. Cues Filtered Out, Cues Filtered In: Computer-Mediated Communication and Relationships[M]//KNAPP M L, DALY J A. *Handbook of Interpersonal Communication*. Thousand Oaks, CA: Sage, 2002.

[25] NAIDU S. *Learning and Teaching with Technology: Principles and Practices*[M]. London: Kogan Page, 2003.

[26] GÜLŞEN T T. You Tell Me in Emojis[M]//OGATA T, AKIMOTO T. *Computational and Cognitive Approaches to Narratology*. Hershey, PA: IGI Global, 2016: 354–375.

[27] HERRING C. Gender and Power in Online Communication[M]//HOLMES J, MEYERHOFF M. *The Handbook of Language and Gender*. Oxford: Blackwell, 2003: 202–228.

[28] WIJRATNE S, BALASURIYA L, SHETH A, et al. EmojiNet: Building a Machine Readable Sense Inventory for Emoji[M]//SPIRO E, AHN Y Y. *SocInfo 2016. Lecture Notes in Computer Science (10046)*. Cham: Springer International Publishing, 2016: 527–541.

[29] GIRI V N. Nonverbal Communication Theories[M]//LITTLEJOHN S W, FOSS K A. *Encyclopaedia of Communication Theory*. Thousand Oaks, CA: SAGE Publications Inc., 2009:690–694.

[30] PRASAD S S, KUMAR J, PRABHAKAR D K, et al. Sentiment Classification: An Approach for Indian Language Tweets Using Decision Tree[M]//PRASATH R, VUPPALA A, KATHIRVALAVAKUMAR T. *Mining Intelligence and Knowledge Exploration. MIKE 2015. Lecture Notes in Computer Science (9468)*. Cham: Springer, 2015: 656–663.

[31] JIANG F, CUI A, LIU Y, et al. Every Term Has Sentiment: Learning from Emoticon Evidences for Chinese Microblog Sentiment Analysis[M]//ZHOU G, LI J, ZHAO D, et al. *Natural Language Processing and Chinese Computing, NLPCC2013*. Berlin: Springer, 2013: 224–235.

[32] GUI L, YUAN L, XU R, et al. Emotion Cause Detection with Linguistic Construction in Chinese Weibo Text[M]//ZONG C. *Natural Language Processing and Chinese Computing, NLPCC2014*. Berlin: Springer, 2014: 457–464.

[33] RABINER L R. A Tutorial on Hidden Markov Models and Selected Applications in Speech Recognition[M]//WAIBEL A, LEE K. *Readings in*

Speech Recognition. San Francisco, CA: Morgan Kaufmann Publishers Inc., 1990: 267–296.

[34] MAWSON C O. *Roget's Thesaurus of English Words and Phrases*[M]. Harlow, UK: Longman Group Ltd., 1911.

[35] HIRST G, ST–ONGE D. Lexical Chains as Representations of Context for the Detection and Correction of Malapropisms[M]//FELLBAUM C. *WordNet: An Electronic Lexical Database*. Cambridge, MA: MIT Press, 1998, 305: 305–332.

[36] TAN P N, STEINBACH M, KUMAR V. *Introduction to Data Mining*[M]. Boston: Addison Wesley, 2006.

[37] BENGIO Y, SCHWENK H, SENÉCAL J S, et al. Neural Probabilistic Language Models[M]//HOLMES D E, JAIN L C. *Innovations in Machine Learning*. Berlin, Heidelberg: Springer, 2006: 137–186.

[38] SUBRAMANIAN J, SRIDHARAN V, SHU K, et al. Exploiting Emojis for Sarcasm Detection[M]//THOMSON R, BISGIN H, DANCY C, et al. *Social, Cultural, and Behavioral Modeling. SBP-BRiMS 2019. Lecture Notes in Computer Science (11549)*. Cham: Springer International Publishing, 2019: 70–80.

[39] BERSCHEID E S. Review of Silent Messages: Implicit Communication of Emotions and Attitudes. 2nd ed.[J]. *PsycCRITQUES*, 1981, 26(8): 648.

[40] HALL E T, RUESCH J, KEES W. Nonverbal Communication: Notes on the Visual Perception of Human Relations[J]. *American Sociological Review*, 1956, 21(6): 809–818.

[41] DRESNER E, HERRING S C. Functions of the Nonverbal in CMC: Emoticons and Illocutionary Force[J]. *Communication Theory*, 2010, 20(3): 249–268.

[42] LO S K. The Nonverbal Communication Functions of Emoticons in Computer–Mediated Communication[J]. *CyberPsychology & Behavior*, 2008, 11(5): 595–597.

[43] KROHN F B. A Generational Approach to Using Emoticons as Nonverbal Communication[J]. *Journal of Technical Writing & Communication*, 2004, 34(4): 321–328.

[44] DERKS D, FISCHER A H, BOS A E R. The Role of Emotion in Computer-Mediated Communication: A Review[J]. *Computers in Human Behavior*, 2008, 24(3): 766–785.

[45] JIBRIL T A, ABDULLAH M H. Relevance of Emoticons in Computer-Mediated Communication Contexts: An Overview[J]. *Asian Social Science*, 2013, 9(4): 201–207.

[46] ALDUNATE N, GONZÁLEZ-IBÁÑEZ R. An Integrated Review of Emoticons in Computer-Mediated Communication[J]. *Front. Psychol.*, 2016(7): 2061.

[47] GARRISON A, REMLEY D, THOMAS P, et al. Conventional Faces: Emoticons in Instant Messaging Discourse[J]. *Computers and Composition*, 2011, 28(2): 112–125.

[48] VANDERGRIFF I. Emotive Communication Online: A Contextual Analysis of Computer-Mediated Communication (CMC) cues[J]. *Journal of Pragmatics*, 2013, 51: 1–12.

[49] THOMPSON D, FILIK R. Sarcasm in Written Communication: Emoticons Are Efficient Markers of Intention[J]. *Journal of Computer-Mediated Communication*, 2016, 21(2): 105–120.

[50] SWAN K, SHIH L F. On the Nature and Development of Social Presence in Online Course Discussions[J]. *Journal of Asynchronous Learning Networks*, 2005, 9(3): 115–136.

[51] ROURKE L, ANDERSON T, GARRISON D R, et al. Assessing Social Presence in Asynchronous, Text-based Computer Conferencing[J]. *Journal of Distance Education*, 1999, 14(3): 51–70.

[52] TU C H. The Measurement of Social Presence in an Online Learning Environment[J]. *International journal on E-Learning*, 2002, 1(2): 34–45.

[53] TU C H. The Impacts of Text–based CMC on Online Social Presence[J]. *The Journal of Interactive Online Learning*, 2002, 1(2): 1–24.

[54] GUNAWARDENA C N, ZITTLE F J. Social Presence as a Predictor of Satisfaction Within a Computer–Mediated Conferencing Environment[J]. *American Journal of Distance Education*, 1997, 11(3): 8–26.

[55] KREIJNS K, KIRSCHNER P A, JOCHEMS W, et al. Determining Sociability, Social Space, and Social Presence in (A)Synchronous Collaborative Groups[J]. *CyberPsychology & Behavior*, 2004, 7(2): 155–172.

[56] WALTHER J B. Interpersonal Effects in Computer–Mediated Interaction: A Relational Perspective[J]. *Communication Research*, 1992, 19(1): 52–90.

[57] WALTHER J. B. Computer–Mediated Communication: Impersonal, Interpersonal, and Hyperpersonal Interaction[J]. *Communication Research*, 1996, 23(1): 3–43.

[58] JAEGER S R, ARES G. Dominant Meanings of Facial Emoji: Insights from Chinese Consumers and Comparison with Meanings from Internet Resources[J]. *Food Quality & Preference*, 2017, 62: 275–283.

[59] ALISMAIL S, ZHANG H. Exploring and Understanding Participants' Perceptions of Facial Emoji Likert Scales in Online Surveys: A Qualitative Study[J]. *ACM Transactions on Social Computing*, 2020,3(2): 1–12.

[60] RIORDAN M A . Emojis as Tools for Emotion Work: Communicating Affect in Text Messages[J]. *Journal of Language and Social Psychology*, 2017, 36(5): 549–567.

[61] FERNÁNDEZ–GAVILANES M, JUNCAL–MARTÍNEZ J, GARCÍA–MÉNDEZ S, et al. Creating Emoji Lexica from Unsupervised Sentiment Analysis of Their Descriptions[J]. *Expert Systems with Applications*, 2018, 103(aug.): 74–91.

[62] HUFFAKER D A, CALVERT S L. Gender, Identity, and Language Use in Teenage Blogs[J]. *Journal of Computer-Mediated Communication*, 2010, 10(2): 1–23.

[63] WOLF M, BOWERS P G, BIDDLE K. Naming–Speed Processes, Timing, and Reading: A Conceptual Review[J]. *Journal of Learning Disabilities*, 2000, 33(4): 387–407.

[64] PRADA M, RODRIGUES D L, GARRIDO M V, et al. Motives, Frequency and Attitudes Toward Emoji and Emoticon Use[J]. *Telematics and Informatics*, 2018, 35(7): 1925–1934.

[65] TOSSELL C C, KORTUM P, SHEPARD C, et al. A Longitudinal Study of Emoticon Use in Text Messaging from Smartphones[J]. *Computers in Human Behavior*, 2012, 28(2): 659–663.

[66] WITMER D F, KATZMAN S L. On–Line Smiles: Does Gender Make a Difference in the Use of Graphic Accents?[J]. *Journal of Computer-Mediated Communication*, 1997, 2(4): JCMC244.

[67] WOLF A. Emotional Expression Online: Gender Differences in Emoticon Use[J]. *CyberPsychology & Behavior*, 2000, 3(5): 827–833.

[68] RODRIGUES D, PRADA M, GASPAR R, et al. Lisbon Emoji and Emoticon Database (LEED): Norms for Emoji and Emoticons in Seven Evaluative Dimensions[J]. *Behav Res Methods*, 2017, 50(1):392–405.

[69] BUTTERWORTH S E, GIULIANO T A, WHITE J, et al. Sender Gender Influences Emoji Interpretation in Text Messages[J]. *Frontiers in Psychology*, 2019, 10: 784.

[70] HALL J A, PENNINGTON N. Self–Monitoring, Honesty, and Cue Use on Facebook: The Relationship with User Extraversion and Conscientiousness[J]. *Computers in Human Behavior*, 2013, 29(4): 1556–1564.

[71] SETTANNI M, MARENGO D. Sharing Feelings Online: Studying Emotional Well–Being via Automated Text Analysis of Facebook Posts[J]. *Frontiers in Psychology*, 2015, 6: 1045.

[72] LI M, CH'NG E, CHONG A Y L, et al. Multi–class Twitter Sentiment Classification with Emojis[J]. *Industrial Management & Data Systems*, 2018, 18(9): 1804–1820.

[73] BARON N S. See You Online: Gender Issues in College Student Use of Instant Messaging[J]. *Journal of Language & Social Psychology*, 2004, 23(4): 397–423.

[74] CHIK A, VÁSQUEZ C. A Comparative Multimodal Analysis of Restaurant Reviews from Two Geographical Contexts[J]. *Visual Communication*, 2017, 16(1): 3–26.

[75] KANEKO D, TOET A, USHIAMA S, et al. EmojiGrid: A 2D Pictorial Scale for Cross–Cultural Emotion Assessment of Negatively and Positively Valenced Food[J]. *Food Research International*, 2019, 115(JAN.): 541–551.

[76] SUGIYAMA S. Kawaii Meiru and Maroyaka Neko: Mobile Emoji for Relationship Maintenance and Aesthetic Expressions Among Japanese Teens[J]. *First Monday*, 2015, 20(10): 5826.

[77] GASPAR R, BARNETT J, SEIBT B. Crisis as Seen by the Individual: The Norm Deviation Approach[J]. *Psyecology*, 2015, 6(6): 103–135.

[78] LIN T J, CHEN C H. A Preliminary Study of the Form and Status of Passionate Affection Emoticons[J]. *International Journal of Design*, 2018, 12(2): 75–90.

[79] BARON B, MOULLAN F, DERUELLE F, et al. The Role of Emotions on Pacing Strategies and Performance in Middle and Long Duration Sport Events[J]. *British Journal of Sports Medicine*, 2011, 45(6): 511–517.

[80] ALSHENQEETI H. Are Emojis Creating a New or Old Visual Language for New Generations? A Socio–semiotic Study[J]. *Advances in Language & Literary Studies*, 2016, 7(6): 56–69.

[81] DANIEL T A, CAMP A L. Emojis Affect Processing Fluency on Social Media[J]. *Psychology of Popular Media Culture*, 2020, 9(2): 208–213.

[82] GAWNE L, MCCULLOCH G. Emoji as Digital Gestures[J]. *Language@ Internet*, 2019, 17: 172.

[83] JAEGER S R, ROIGARD C M, JIN D, et al. Valence, Arousal and Sentiment Meanings of 33 Facial Emoji: Insights for the Use of Emoji in Consumer Research[J]. *Food Research International*, 2019, 119(May): 895–907.

[84] GANSTER T, EIMLER S C, KRAMER N C. Same Same but Different!? The Differential Influence of Smilies and Emoticons on Person Perception[J]. *Cyberpsychology, Behavior & Social Networking*, 2012, 15(4): 226–230.

[85] KIRITCHENKO S, ZHU X, MOHAMMAD S M. Sentiment Analysis of Short Informal Texts[J]. *Journal of Artificial Intelligence Research*, 2014, 50: 723–762.

[86] DERKS D, BOS A E R, VON GRUMBKOW J. Emoticons and Online Message Interpretation[J]. *Social Science Computer Review*, 2008, 26(3): 379–388.

[87] WALTHER J B, D'ADDARIO K P. The Impacts of Emoticons on Message Interpretation in Computer-Mediated Communication[J]. *Social Science Computer Review*, 2001, 19(3): 324–347.

[88] THELWALL M, BUCKLEY K, PALTOGLOU G. Sentiment in Twitter Events[J]. *Journal of the American Society for Information Science and Technology*, 2011, 62(2): 406–418.

[89] BOLLEN J, MAO H, ZENG X. Twitter Mood Predicts the Stock Market[J]. *Journal of Computational Science*, 2011, 2(1): 1–8.

[90] JIANG F, LIU Y, LUAN H, et al. Microblog Sentiment Analysis with Emoticon Space Model[J]. *Journal of Computer Science and Technology*, 2015, 30(5): 1120–1129.

[91] LI F, WANG H, ZHAO R, et al. Chinese Micro–blog Sentiment Classification Through a Novel Hybrid Learning Model[J]. *Journal of Central South University*, 2017, 24(10): 2322–2330.

[92] XU R, HU J, LU Q, et al. An Ensemble Approach for Emotion Cause Detection with Event Extraction and Multi–Kernel SVMs[J]. *Tsinghua Science and Technology*, 2017, 22(6): 646–659.

[93] MATSUMOTO K, FUJISAWA A, YOSHIDA M, et al. Emotion Recognition of Emoticons Based on Character Embedding[J]. *Journal of Software*, 2017, 12(11): 849–857.

[94] SCHUSTER M, PALIWAL K K. Bidirectional Recurrent Neural Networks[J]. *IEEE Transactions on Signal Processing*, 1997, 45 (11): 2673–2681.

[95] LIU C L, LAI M H, TIEN K W, et al. Visually and Phonologically Similar Characters in Incorrect Chinese Words: Analyses, Identification, and Applications[J]. *ACM Transactions on Asian Language Information Processing*, 2011, 10(2): 1–39.

[96] WONG K F, XIA Y. Normalization of Chinese Chat Language[J]. *Language Resources and Evaluation*, 2008, 42(2): 219–242.

[97] SUTTON C, MCCALLUM A, ROHANIMANESH K. Dynamic Conditional Random Fields: Factorized Probabilistic Models for Labeling and Segmenting Sequence Data[J]. *Journal of Machine Learning Research*, 2007, 8(25): 693–723.

[98] SCHÜTZE H. Automatic Word Sense Discrimination[J]. *Computational Linguistics*, 1998, 24(1): 97–123.

[99] VÉRONIS J. HyperLex: Lexical Cartography for Information Retrieval[J]. *Computer Speech & Language*, 2004, 18(3): 223–252.

[100] BLEI D M, NG A Y, JORDAN M I. Latent Dirichlet Allocation[J]. *Journal of Machine Learning Research*, 2003, 3(JAN.): 993–1022.

[101] ERK K, MCCARTHY D, GAYLORD N. Measuring Word Meaning in Context[J]. *Computational Linguistics*, 2013, 39(3): 511–554.

[102] MORRIS J, HIRST G. Lexical Cohesion Computed by Thesaural Relations as an Indicator of the Structure of Text[J]. *Computational Linguistics*, 1991, 17(1): 21–48.

[103] ROTA BULÒ S, PELILLO M. A Game–Theoretic Approach to Hypergraph Clustering[J]. *IEEE Transactions on Pattern Analysis and Machine Intelligence*, 2013, 35(6): 1312–1327.

[104] MICHOEL T, NACHTERGAELE B. Alignment and Integration of Complex Networks by Hypergraph–based Spectral Clustering[J]. *Physical Review E*, 2012, 86(5): 056111.

[105] LANCICHINETTI A, FORTUNATO S, KERTÉSZ J. Detecting the Overlapping and Hierarchical Community Structure in Complex Networks[J]. *New Journal of Physics*, 2009, 11(3): 033015.

[106] AMIGÓ E, GONZALO J, ARTILES J, et al. A Comparison of Extrinsic Clustering Evaluation Metrics Based on Formal Constraints[J]. *Information Retrieval*, 2009, 12(4): 461–486.

[107] BARONI M, BERNARDINI S, FERRARESI A, et al. The WaCky Wide Web: A Collection of Very Large Linguistically Processed Web–Crawled Corpora[J]. *Language Resources and Evaluation*, 2009, 43(3): 209–226.

[108] TEH Y W, JORDAN M I, BEAL M J, et al. Hierarchical Dirichlet Processes[J]. *Journal of the American Statistical Association*, 2006, 101(476): 1566–1581.

[109] YVON F. Rewriting the Orthography of SMS Messages[J]. *Natural Language Engineering*, 2010, 16(2): 133–159.

[110] CHANG J S, TENG W L. Mining Atomic Chinese Abbreviations with a Probabilistic Single Character Recovery Model[J]. *Language Resources and Evaluation*, 2006, 40(3/4): 367–374.

[111] COLLOBERT R, WESTON J, BOTTOU L, et al. Natural Language Processing (Almost) from Scratch[J]. *Journal of Machine Learning Research*, 2011, 12(76): 2493–2537.

[112] DUCHI J, HAZAN E, SINGER Y. Adaptive Subgradient Methods for Online Learning and Stochastic Optimization[J]. *Journal of Machine Learning Research*, 2011, 12(61): 2121–2159.

[113] ROSENBLATT F. The Perceptron: A Probabilistic Model for Information Storage and Organization in the Brain[J]. *Psychological Review*, 1958, 65(6): 386–408.

[114] KRALJ NOVAK P, SMAILOVIĆ J, SLUBAN B, et al. Sentiment of Emojis[J]. *PLoS One*, 2015, 10(12): e0144296.

[115] CHAUHAN D S, SINGH G V, ARORA A, et al. An Emoji–aware Multitask Framework for Multimodal Sarcasm Detection[J]. *Knowledge-Based Systems*, 2022, 257(2): 109924.

[116] CHOUDHURY M, SARAF R, JAIN V, et al. Investigation and Modeling of the Structure of Texting Language[J]. *International Journal of Document Analysis and Recognition (IJDAR)*, 2007, 10(3/4): 157–174.

[117] VAN DONGEN S. Graph Clustering by Flow Simulation[D]. Utrecht: University of Utrecht, 2000.

[118] LEE J, HONG N, KIM S, et al. Smiley Face: Why We Use Emoticon Stickers in Mobile Messaging[C]// PATERNÒ F, VÄÄNÄNEN K. *Proceedings of the 18th International Conference on Human-Computer Interaction with Mobile Devices and Services (MobileHCI 2016)*. New York: ACM, 2016: 760–766.

[119] WANG H, CASTANON J A. Sentiment Expression via Emoticons on Social Media[C]//HO H, OOI B C, ZAKI M J, et al. *Proceedings of the 2015 IEEE International Conference on Big Data (Big Data)*. Santa Clara, CA: IEEE, 2015: 2404–2408.

[120] HERRING S C, DAINAS A R. Receiver Interpretations of Emoji Functions: A Gender Perspective[C]//WIJERATNE S, KICIMAN E, SAGGION H, et al. *Proceedings of the 1st International Workshop on Emoji Understanding and Applications in Social Media (Emoji2018)*. Stanford, CA: CEUR-WS, 2018: 1-8.

[121] LÓPEZ R P, CAP F. Did You Ever Read About Frogs Drinking Coffee? Investigating the Compositionality of Multi-Emoji Expressions[C]// *Proceedings of the 8th Workshop on Computational Approaches to Subjectivity, Sentiment and Social Media Analysis*. Copenhagen: ACL, 2017: 113-117.

[122] KELLY R, WATTS L. Characterising the Inventive Appropriation of Emoji as Relationally Meaningful in Mediated Close Personal Relationships[C]// *Experiences of Technology Appropriation: Unanticipated Users, Usage, Circumstance, and Design*. Oslo, Norway: 2015.

[123] CONSTANTIN C, KALYANARAMAN S, STAVROSITU C, et al. Impression Formation Effects in Moderated Chatrooms: An Experimental Study of Gender Differences[C]//*Proceedings of the 88th Annual Meeting of the National Communication Association*. New Orleans, LA, 2002: 1-8.

[124] CHEN Y, YUAN J, YOU Q, et al. Twitter Sentiment Analysis via Bi-sense Emoji Embedding and Attention-based LSTM[C]//BOLL S, LEE K M, LUO J. *Proceedings of the 2018 ACM Multimedia Conference*. New York: ACM, 2018: 117-125.

[125] SADIQ M, SHAHIDA. Learning Pakistani Culture Through the Namaz Emoji[C]//*Paper Presented at the 2019 2nd International Conference on Computing, Mathematics and Engineering Technologies*. Sukkur, Pakistan: IEEE, 2019: 1-8.

[126] LU X, AI W, LIU X, et al. Learning from the Ubiquitous Language: An Empirical Analysis of Emoji Usage of Smartphone Users[C]//LUKOWICZ P, KRÜGER A. *Proceedings of the 2016 ACM International Joint*

Conference on Pervasive and Ubiquitous Computing. New York: ACM, 2016: 770–780.

[127] LJUBEŠIĆ N, FIŠER D. A Global Analysis of Emoji Usage[C]//COOK P, EVERT S, SCHÄFER R, et al. *Proceedings of the 10th Web as Corpus Workshop*. Berlin: ACL, 2016: 82–89.

[128] BARBIERI F, KRUSZEWSKI G, RONZANO F, et al. How Cosmopolitan Are Emojis?: Exploring Emojis Usage and Meaning over Different Languages with Distributional Semantics[C]//HANJALIC A, SNOEK C, WORRING M. *Proceedings of the 2016 ACM Multimedia Conference*. New York: ACM, 2016: 531–535.

[129] ZHOU R, HENTSCHEL J, KUMAR N. Goodbye Text, Hello Emoji: Mobile Communication on WeChat in China[C]//MARK G, FUSSELL S. *Proceedings of the 2017 CHI Conference on Human Factors in Computing Systems*. New York: ACM, 2017: 748–759.

[130] NA'AMAN N, PROVENZA H, MONTOYA O. Varying Linguistic Purposes of Emoji in (Twitter) Context[C]//ETTINGER A, GELLA S, LABEAU M, et al. *Proceedings of ACL 2017, Student Research Workshop*. Vancouver: ACL, 2017: 136–141.

[131] AI W, LU X, LIU X, et al. Untangling Emoji Popularity Through Semantic Embeddings[C]//RUTHS D. *Proceedings of the Eleventh International AAAI Conference on Web and Social Media*. Montreal, QC: ICWSM 2017, 2017: 2–11.

[132] ALDRED C. 32 Funny Emoji Combinations to Use When Words Just Won't Quite Cut It[EB/OL]. (2014–10–21)[2022–05–10]. https://blazepress.com/2014/10/21–emoji–combinations–use–words–wont–quite–cut/.

[133] KHANDEKAR S, HIGG J, BIAN Y, et al. Opico: A Study of Emoji-first Communication in a Mobile Social App[C]//LIU L, WHITE R.

Companion Proceedings of the 2019 World Wide Web Conference. New York: ACM, 2019: 450–458.

[134] LEE J, LI J, AN X M. Hanmoji: What Chinese Characters and Emoji Reveal About Each Other[C]//LIU L, WHITE R. *Companion Proceedings of the 2019 World Wide Web Conference*. New York: ACM, 2019: 459–460.

[135] DONATO G, PAGGIO P. Investigating Redundancy in Emoji Use: Study on a Twitter Based Corpus[C]//BALAHUR A, MOHAMMAD S M, VAN DER GOOT E. *Proceedings of the 8th Workshop on Computational Approaches to Subjectivity, Sentiment and Social Media Analysis*. Copenhagen: ACL, 2017: 118–126.

[136]   WIJERATNE S, BALASURIYA L, SHETH A, et al. A Semantics–based Measure of Emoji Similarity[C]//SHETH A. *Proceedings of the 2017 IEEE/WIC/ACM International Conference on Web Intelligence*. New York: ACM, 2017: 646–653.

[137] BARBIERI F, RONZANO F, SAGGION H. What Does This Emoji Mean? A Vector Space Skip–gram Model for Twitter Emojis[C]//CALZOLARI N. *Proceedings of LREC 2016, the Tenth International Conference on Language Resources and Evaluation*. Portorož, Slovenia: ELRA, 2016: 3967–3972.

[138] EISNER B, ROCKTÄSCHEL T, AUGENSTEIN I, et al. Emoji2vec: Learning Emoji Representations from Their Description[C]//KU L, HSU J Y, LI C. *Proceedings of the Fourth International Workshop on Natural Language Processing for Social Media*. Austin, TX: ACL, 2016: 48–54.

[139] WIJERATNE S, BALASURIYA L, SHETH A, et al. EmojiNet: An Open Service and API for Emoji Sense Discovery[C]//RUTHS D. *Proceedings of the Eleventh International AAAI Conference on Web and Social Media*. Montreal, QC: ICWSM 2017, 2017: 437–446.

[140] PTÁČEK T, HABERNAL I, HONG J. Sarcasm Detection on Czech and English Twitter.[C]//TSUJII J, HAJIČ J. *Proceedings of COLING 2014, the 25th International Conference on Computational Linguistics: Technical Papers*. Dublin, Ireland: COLING, 2014: 213–223.

[141] HOGENBOOM A, BAL D, FRASINCAR F, et al. Exploiting Emoticons in Sentiment Analysis[C]//SHIN S Y, MALDONADO J C. *Proceedings of the 28th Annual ACM Symposium on Applied Computing*. Coimbra, Portugal: ACM, 2013: 703–710.

[142] DAVIDOV D, TSUR O, RAPPOPORT A. Enhanced Sentiment Learning Using Twitter Hashtags and Smileys[C]//JOSHI A K. *Proceedings of the 23rd International Conference on Computational Linguistics: Posters*. Beijing: COLING, 2010: 241–249.

[143] GO A, BHAYANI R, HUANG L. Twitter Sentiment Classification Using Distant Supervision[R]. Stanford: Stanford University, 2009.

[144] LIU K L, LI W J, GUO M. Emoticon Smoothed Language Models for Twitter Sentiment Analysis[C]//HOFFMANN J, SELMAN B. *Proceedings of the 26th AAAI Conference on Artificial Intelligence*. Toronto, Canada: AAAI Press, 2012: 1678–1684.

[145] ZHAO J, LI D, WU J, et al. MoodLens: An Emoticon–based Sentiment Analysis System for Chinese Tweets[C]//YANG Q. *Proceedings of the 18th ACM SIGKDD International Conference on Knowledge Discovery and Data Mining*. New York: ACM, 2012: 1528–1531.

[146] CARVALHO P, SARMENTO L, SILVA M J, et al. Clues for Detecting Irony in User–generated Contents: oh...!! it's "so easy" ;-)[C]//JIANG M, YU B. *Proceedings of the 1st International CIKM Workshop on Topic-sentiment Analysis for Mass Opinion*. New York: ACM, 2009: 53–56.

[147] GONZÁLEZ–IBÁÑEZ R, MURESAN S, WACHOLDER N. Identifying Sarcasm in Twitter: A Closer Look[C]//LIN D. *Proceedings of the 49th Annual Meeting of the Association for Computational Linguistics: Human*

Language Technologies: Short Papers-Volume 2. Portland, OR: ACL, 2011: 581–586.

[148] JOSHI A, SHARMA V, BHATTACHARYYA P. Harnessing Context Incongruity for Sarcasm Detection[C]//ZONG C, STRUBE M. *Proceedings of the 53rd Annual Meeting of the Association for Computational Linguistics and the 7th International Joint Conference on Natural Language Processing (Volume 2: Short Papers)*. Beijing: ACL, 2015: 757–762.

[149] XIE R, LIU Z, YAN R, et al. Neural Emoji Recommendation in Dialogue Systems[EB/OL]. (2016–12–04)[2022–04–10]. https://arxiv.org/pdf/1612.04609.

[150] RAKHMETULLINA A, TRAUTMANN D, GROH G. Distant Supervision for Emotion Classification Task Using Emoji2emotion[C]//WIJERATNE S, KICIMAN E, SAGGION H, et al. *Proceedings of the 1st International Workshop on Emoji Understanding and Applications in Social Media (Emoji2018)*. Stanford, CA: CEUR–WS, 2018.

[151] SHOEB A A M, DE MELO G. EmoTag1200: Understanding the Association Between Emojis and Emotions[C]//WEBBER B, COHN T, HE Y, et al. *Proceedings of the 2020 Conference on Empirical Methods in Natural Language Processing (EMNLP)*. Online: ACL, 2020: 8957–8967.

[152] HUANG L, FAYONG S, GUO Y. Structured Perceptron with Inexact Search[C]//CHU–CARROLL J. *Proceedings of the 2012 Conference of the North American Chapter of the Association for Computational Linguistics: Human Language Technologies*. Montreal, Canada: ACL, 2012: 142–151.

[153] HUANG L, SAGAE K. Dynamic Programming for Linear–time Incremental Parsing[C]//HAJIČ J. *Proceedings of the 48th Annual Meeting of the Association for Computational Linguistics*. Uppsala, Sweden: ACL, 2010: 1077–1086.

[154] HUANG L, CHIANG D. Forest Rescoring: Faster Decoding with Integrated Language Models[C]//ZAENEN A, VAN DEN BOSCH.

Proceedings of the 45th Annual Meeting of the Association for Computational Linguistics. Prague, Czech Republic: ACL, 2007: 144–151.

[155] MCALLESTER D A, HAZAN T, KESHET J. Direct Loss Minimization for Structured Prediction[C]//LAFFERTY J D, WILLIAMS C K I, SHAWE–TAYLOR J, et al. *Proceedings of the International Conference on NIPS-Volume 2*. Red Hook, NY: Curran Associates Inc., 2010: 1594–1602.

[156] WEISS D J, TASKAR B. Structured Prediction Cascades[J]. *JMLR*, 2010, 9: 916–923.

[157] MENSINK T, VERBEEK J, CSURKA G. Learning Structured Prediction Models for Interactive Image Labeling[C]//*Proceedings of the 24th IEEE Conference on Computer Vision & Pattern Recognition*. Colorado Springs, CO: IEEE, 2011: 833–840.

[158] COLLINS M. Discriminative Training Methods for Hidden Markov Models: Theory and Experiments with the Perceptron Algorithm[C]// HAJIČ J, MATSUMOTO Y. *Proceedings of the 2002 Conference on Empirical Methods in Natural Language Processing (EMNLP 2002)*. Philadelphia, PA: ACL, 2002: 1–8.

[159] KULIS B, SAENKO K, DARRELL T. What You Saw Is Not What You Get: Domain Adaptation Using Asymmetric Kernel Transforms[C]// *Proceedings of the 24th IEEE Conference on Computer Vision and Pattern Recognition*. Colorado Springs, CO: IEEE, 2011: 1785–1792.

[160] SAMDANI R, ROTH D. Efficient Decomposed Learning for Structured Prediction[C]//LANGFORD J, PINEAU J. *Proceedings of the 29th International Conference on ICML*. Edinburgh, UK: Omnipress, 2012: 1539–1546.

[161] MIWA M, BANSAL M. End–to–End Relation Extraction Using LSTMs on Sequences and Tree Structures[C]//ERK K, SMITH N A. *Proceedings*

of the 54th Annual Meeting of the Association for Computational Linguistics (Volume 1: Long Papers). Berlin: ACL, 2016: 1105–1116.

[162] GUPTA P, SCHÜTZE H, ANDRASSY B. Table Filling Multi–Task Recurrent Neural Network for Joint Entity and Relation Extraction[C]// MATSUMOTO Y, PRASAD R. *Proceedings of COLING 2016, the 26th International Conference on Computational Linguistics: Technical Papers*. Osaka, Japan: COLING, 2016: 2537–2547.

[163] NGUYEN T H, CHO K, GRISHMAN R. Joint Event Extraction via Recurrent Neural Networks[C]//KNIGHT K, NENKOVA A, RAMBOW O. *Proceedings of the 2016 Conference of the North American Chapter of the Association for Computational Linguistics: Human Language Technologies*. San Diego, CA: ACL, 2016: 300–309.

[164] ZHOU H, ZHANG Y, HUANG S, et al. A Neural Probabilistic Structured– Prediction Model for Transition–based Dependency Parsing[C]// ZONG C, STRUBE M. *Proceedings of the 53rd Annual Meeting of the Association for Computational Linguistics and the 7th International Joint Conference on Natural Language Processing (Volume 1: Long Papers)*. Beijing: ACL, 2015: 1213–1222.

[165] HAKAMI S A A, HENDLEY R J, SMITH P. Emoji Sentiment Roles for Sentiment Analysis: A Case Study in Arabic Texts[C]//*Proceedings of the Seventh Arabic Natural Language Processing Workshop (WANLP)*. Abu Dhabi, UAE: ACL, 2022: 346–355.

[166] HONG L, DAN O, DAVISON B D. Predicting Popular Messages in Twitter[C] //SADAGOPAN S, RAMAMRITHAM K, KUMAR A, et al. *Proceedings of the 20th International Conference Companion on World Wide Web (WWW'11)*. New York: ACM, 2011: 57–58.

[167] PANG B, LEE L, VAITHYANATHAN S. Thumbs up? Sentiment Classification Using Machine Learning Techniques[C]//HAJIČ J, MATSUMOTO Y. *Proceedings of the 2002 Conference on Empirical*

Methods in Natural Language Processing (EMNLP 2002). Philadelphia, PA: ACL, 2002: 79–86.

[168] TANG D, QIN B, LIU T. Document Modeling with Gated Recurrent Neural Network for Sentiment Classification[C]//MÀRQUEZ L, CALLISON-BURCH C, SU J. *Proceedings of the 2015 Conference on Empirical Methods in Natural Language Processing (EMNLP 2015)*. Lisbon, Portugal: ACL, 2015: 1422–1432.

[169] DOS SANTOS C N, GATTI M. Deep Convolutional Neural Networks for Sentiment Analysis of Short Texts[C]//TSUJII J, HAJIČ J. *Proceedings of COLING 2014, the 25th International Conference on Computational Linguistics: Technical Papers*. Dublin, Ireland: COLING, 2014: 69–78.

[170] DENG Y, LIU K, YANG C, et al. Emoji-based Fine-grained Attention Network for Sentiment Analysis in the Microblog Comments[EB/OL]. (2022-06-12) [2022-09-10]. https://arxiv.org/pdf/2206.12262 .

[171] SINGH A, BLANCO E, JIN W. Incorporating Emoji Descriptions Improves Tweet Classification[C]//BURSTEIN J, DORAN C, SOLORIO T. *Proceedings of the 2019 Conference of the North American Chapter of the Association for Computational Linguistics: Human Language Technologies, Volume 1 (Long and Short Papers)*. Minneapolis, MN: ACL, 2019:2096–2101.

[172] TANG D, WEI F, YANG N, et al. Learning Sentiment-Specific Word Embedding for Twitter Sentiment Classification[C]//TOUTANOVA K, WU H. *Proceedings of the 52nd Annual Meeting of the Association for Computational Linguistics (Volume 1: Long Papers)*. Baltimore, MD: ACL, 2014: 1555–1565.

[173] CHEN H, SUN M, TU C, et al. Neural Sentiment Classification with User and Product Attention [C]//SU J, DUH K, CARRERAS X. *Proceedings of the 2016 Conference on Empirical Methods in Natural Language Processing (EMNLP 2016)*. Austin, TX: ACL, 2016: 1650–1659.

[174] ZHANG M, ZHANG Y, VO D T. Gated Neural Networks for Targeted Sentiment Analysis [C]//SCHUURMANS D, WELLMAN M P. *Proceedings of the 30th AAAI Conference on Artificial Intelligence.* Phoenix, AZ: AAAI Press, 2016: 3087–3093.

[175] PURVER M, BATTERSBY S. Experimenting with Distant Supervision for Emotion Classification [C]//DAELEMANS W. *Proceedings of the 13th Conference of the European Chapter of the Association for Computational Linguistics.* Avignon, France: ACL, 2012: 482–491.

[176] MNIH V, HEESS N, GRAVES A, et al. Recurrent Models of Visual Attention [C]//GHAHRAMANI Z, WELLING M, CORTES C, et al. *Proceedings of the 27th International Conference on Neural Information Processing Systems-Volume 2.* Cambridge, MA: MIT Press, 2014: 2204–2212.

[177] BAHDANAU D, CHO K, BENGIO Y. Neural Machine Translation by Jointly Learning to Align and Translate [EB/OL]. (2014–09–04)[2018–04–10]. https: //arxiv.org/pdf/1409.0473.

[178] HERMANN K M, KOČISKÝ T, GREFENSTETTE E, et al. Teaching Machines to Read and Comprehend [C]//CORTES C, LEE D D, SUGIYAMA M, et al. *Proceedings of the 28th International Conference on Neural Information Processing Systems-Volume 1.* Cambridge, MA: MIT Press, 2015: 1693–1701.

[179] YANG Z, YANG D, DYER C, et al. Hierarchical Attention Networks for Document Classification [C]//KNIGHT K, NENKOVA A, RAMBOW O. *Proceedings of the 2016 Conference of the North American Chapter of the Association for Computational Linguistics: Human Language Technologies (NAACL 2016).* San Diego, CA: ACL, 2016: 1480–1489.

[180] MIKOLOV T, SUTSKEVER I, CHEN K, et al. Distributed Representations of Words and Phrases and Their Compositionality [C]//BURGES C J C, BOTTOU L, WELLING M, et al. *Proceedings of the*

26th International Conference on Neural Information Processing Systems-Volume 2. Red Hook, NY: Curran Associates Inc., 2013: 3111–3119.

[181] ZEILER M D. ADADELTA: An Adaptive Learning Rate Method [EB/OL]. (2012–12–22)[2021–04–10]. https: //arxiv.org/pdf/1212.5701.

[182] SUN X, GAO F, LI C, et al. Chinese Microblog Sentiment Classification Based on Convolution Neural Network with Content Extension Method[C]// *Proceedings of the 2015 International Conference on Affective Computing and Intelligent Interaction (ACII)*. Xi'an, China: IEEE Computer Society, 2015: 408–414.

[183] LAFFERTY J D, MCCALLUM A, PEREIRA F C N. Conditional Random Fields: Probabilistic Models for Segmenting and Labeling Sequence Data[C]//BRODLEY C E, DANYLUK A P. *Proceedings of the 18th International Conference on Machine Learning*. San Francisco, CA: Morgan Kaufmann Publishers Inc., 2001: 282–289.

[184] LEE S Y M, CHEN Y, LI S, et al. Emotion Cause Events: Corpus Construction and Analysis[C]//CALZOLARI N, CHOUKRI K, MAEGAARD B, et al. *Proceedings of the 7th International Conference on Language Resources and Evaluation (LREC'10)*. Valletta, Malta: ELRA, 2010: 1121–1128.

[185] CHEN Y, LEE S Y M, LI S, et al. Emotion Cause Detection with Linguistic Constructions[C]//HUANG C, JURAFSKY D. *Proceedings of the 23rd International Conference on Computational Linguistics (COLING 2010)*. Beijing: COLING 2010 Organizing Committee, 2010: 179–187.

[186] RUSSO I, CASELLI T, RUBINO F, et al. EMOCause: An Easy Adaptable Approach to Emotion Cause Contexts[C]//BALAHUR A, BOLDRINI E, MONTOYO A, et al. *Proceedings of the 2nd Workshop on Computational Approaches to Subjectivity and Sentiment Analysis*. Portland, OR: ACL, 2011: 153–160.

[187] GHAZI D, INKPEN D, SZPAKOWICZ S. Detecting Emotion Stimuli in Emotion–Bearing Sentences[C]//GELBUKH A F. *Proceedings of the 16th International Conference on Intelligent Text Processing and Computational Linguistics.* Berlin: Springer, 2015: 152–165.

[188] GUI L, HU J, HE Y, et al. A Question Answering Approach for Emotion Cause Extraction [C]//PALMER M, HWA R, RIEDEL S. *Proceedings of the 2017 Conference on Empirical Methods in Natural Language Processing.* Copenhagen: ACL, 2017: 1593–1602.

[189] GUI L, WU D, XU R, et al. Event–Driven Emotion Cause Extraction with Corpus Construction[C]//SU J, DUH K, CARRERAS X. *Proceedings of the 2016 Conference on Empirical Methods in Natural Language Processing (EMNLP 2016).* Austin, TX: ACL, 2016: 1639–1649.

[190] HUANG Z, XU W, YU K. Bidirectional LSTM–CRF Models for Sequence Tagging[EB/ OL]. (2015–08–11) [2021–12–27]. https: // arxiv. org/ pdf /1508.01991.pdf.

[191] KERNIGHAN M D, CHURCH K W, GALE W A. A Spelling Correction Program Based on a Noisy Channel Model[C]//*Proceedings of the 13th Conference on Computational Linguistics (COLING 1990 Volume 2).* Helsinki, Finland: ACL, 1990: 205–210.

[192] BRILL E, MOORE R C. An Improved Error Model for Noisy Channel Spelling Correction[C]//*Proceedings of the 38th Annual Meeting on Association for Computational Linguistics.* Hong Kong: ACL, 2000: 286–293.

[193] TOUTANOVA K, MOORE R C. Pronunciation Modeling for Improved Spelling Correction[C]//ISABELLE P, CHARNIAK E, LIN D. *Proceedings of the 40th Annual Meeting of the Association for Computational Linguistics.* Philadelphia, PA: ACL, 2002: 144–151.

[194] SUN X, GAO J, MICOL D, et al. Learning Phrase–based Spelling Error Models from Clickthrough Data[C]//HAJIČ J, CARBERRY S, CLARK

S, et al. *Proceedings of the 48th Annual Meeting of the Association for Computational Linguistics*. Uppsala, Sweden: ACL, 2010: 266–274.

[195] CHEN Q, LI M, ZHOU M. Improving Query Spelling Correction Using Web Search Results[C]//EISNER J. *Proceedings of the 2007 Joint Conference on Empirical Methods in Natural Language Processing and Computational Natural Language Learning(EMNLP-CoNLL)*. Prague, Czech Republic: ACL, 2007: 181–189.

[196] CHANG C H. A New Approach for Automatic Chinese Spelling Correction[C]//*Proceedings of Natural Language Processing Pacific Rim Symposium*. Seoul: ACL, 1995: 278–283.

[197] ZHANG L, ZHOU M, HUANG C, et al. Automatic Detecting/Correcting Errors in Chinese Text by an Approximate Word–Matching Algorithm[C]//*Proceedings of the 38th Annual Meeting of the Association for Computational Linguistics*. Hong Kong: ACL, 2000: 248–254

[198] REN F, SHI H, ZHOU Q. A Hybrid Approach to Automatic Chinese Text Checking and Error Correction[C]//*Proceedings of the 2001 IEEE International Conference on Systems, Man, and Cybernetics*. Tucson, AZ: IEEE, 2001: 1693–1698.

[199] HUANG C M, WU M C, CHANG C C. Error Detection and Correction Based on Chinese Phonemic Alphabet in Chinese Text[C]//TORRA V, NARUKAWA Y, YOSHIDA Y. *Proceedings of the Fourth Conference on Modeling Decisions for Artificial Intelligence (MDAI 2007), LNAI 4617*. Berlin, Heidelberg: Springer, 2007: 463–476.

[200] WU S H, LIU C L, LEE L H. Chinese Spelling Check Evaluation at SIGHAN Bake-off 2013[C]//YU L C, TSENG Y H, ZHU J, et al. *Proceedings of the Seventh SIGHAN Workshop on Chinese Language Processing*. Nagoya, Japan: ACL, 2013: 35–42.

[201] YU L C, LEE L H, TSENG Y H, et al. Overview of SIGHAN 2014 Bake-off for Chinese Spelling Check[C]//*Proceedings of the Third CIPS-*

SIGHAN Joint Conference on Chinese Language Processing. Wuhan: ACL, 2014: 126–132.

[202] TSENG Y H, LEE L H, CHANG L P, et al. Introduction to SIGHAN 2015 Bake–off for Chinese Spelling Check[C]//*Proceedings of the Eighth SIGHAN Workshop on Chinese Language Processing.* Beijing: ACL, 2015: 32–37.

[203] AW A, ZHANG M, XIAO J, et al. A Phrase–based Statistical Model for SMS Text Normalization[C]//*Proceedings of the COLING/ACL 2006 Main Conference Poster Sessions.* Sydney, Australia: ACL, 2006: 33–40.

[204] PENNELL D, LIU Y. A Character–Level Machine Translation Approach for Normalization of SMS Abbreviations[C]//*Proceedings of the 5th IJCNLP.* Chiang Mai, Thailand: ACL, 2011: 974–982.

[205] LI C, LIU Y. Normalization of Text Messages Using Character– and Phone–based Machine Translation Approaches[C]//*Proceedings of the Thirteenth Annual Conference of the International Speech Communication Association.* Portland, OR: INTERSPEECH, 2012: 2330–2333.

[206] SÖNMEZ Ç, ÖZGÜR A. A Graph–based Approach for Contextual Text Normalization[C]//MOSCHITTI A, PANG B, DAELEMANS W. *Proceedings of the 2014 Conference on Empirical Methods in Natural Language Processing (EMNLP).* Doha, Qatar: ACL, 2014: 313–324.

[207] HASSAN H, MENEZES A. Social Text Normalization Using Contextual Graph Random Walks[C]//SCHUETZE H, FUNG P, POESIO M. *Proceedings of the 51st Annual Meeting of the Association for Computational Linguistics (Volume 1: Long Papers).* Sofia, Bularia: ACL, 2013: 1577–1586.

[208] SRIDHAR V K R. Unsupervised Text Normalization Using Distributed Representations of Words and Phrases[C]//*Proceedings of the 1st Workshop on Vector Space Modeling for NLP, VS@NAACL-HLT 2015.* Denver, CO: ACL, 2015: 8–16.

[209] MIKOLOV T, CHEN K, CORRADO G, et al. Efficient Estimation of Word Representations in Vector Space[C]//BENGIO Y, LECUN Y. *Workshop Track Proceedings of ICLR 2013*. Scottsdale, AZ: ICLR, 2013.

[210] COLLOBERT R, WESTON J. A Unified Architecture for Natural Language Processing: Deep Neural Networks with Multitask Learning[C]// COHEN W. *Proceedings of the 25th International Conference on Machine Learning*. New York: ACM, 2008: 160–167.

[211] CHRUPAŁA G. Normalizing Tweets with Edit Scripts and Recurrent Neural Embeddings[C]//TOUTANOVA K, WU H. *Proceedings of the 52nd Annual Meeting of the Association for Computational Linguistics (Volume 2: Short Papers)*. Baltimore, MD: ACL, 2014: 680–686.

[212] MIKOLOV T, KARAFIÁT M, BURGET L, et al. Recurrent Neural Network Based Language model[C]//HIROSE K. *Proceedings of INTERSPEECH 2010*. Makuhari, Chiba, Japan: INTERSPEECH, 2010: 1045–1048.

[213] MIN W, MOTT B W. NCSU_SAS_WOOKHEE: A Deep Contextual Long–Short Term Memory Model for Text Normalization[C]//XU W, HAN B, RITTER A. *Proceedings of the ACL 2015 Workshop on Noisy User-generated Text*. Beijing: ACL, 2015: 111–119.

[214] LIU F, WENG F, WANG B, et al. Insertion, Deletion, or Substitution?: Normalizing Text Messages Without Pre–categorization nor Supervision[C]// LIN D. *Proceedings of the 49th Annual Meeting of the Association for Computational Linguistics: Human Language Technologies*. Portland, OR: ACL, 2011: 71–76.

[215] LI C, LIU Y. Improving Text Normalization Using Character–blocks Based Models and System Combination[C]//KAY M, BOITET C. *Proceedings of COLING 2012: Technical Papers*. Mumbai, India: COLING, 2012: 1587–1602.

[216] XIA Y, WONG K F, GAO W. NIL Is Not Nothing: Recognition of Chinese Network Informal Language Expressions[C]//DALE R, WONG K F, SU

J, et al. *Proceedings of the 4th SIGHAN Workshop on Chinese Language Processing at IJCNLP*. Jeju Island, Korea: ACL, 2005: 95–102.

[217] LI Z, YAROWSKY D. Mining and Modeling Relations Between Formal and Informal Chinese Phrases from Web Corpora[C]//LAPATA M, NG H T. *Proceedings of the Conference on Empirical Methods in Natural Language Processing*. Honolulu, HI: ACL, 2008: 1031–1040.

[218] WANG A, KAN M Y, ANDRADE D, et al. Chinese Informal Word Normalization: An Experimental Study[C]//MITKOV R, PARK J C. *Proceedings of the 6th IJCNLP*. Nagoya, Japan: ACL, 2013: 127–135.

[219] WANG A, KAN M Y. Mining Informal Language from Chinese Microtext: Joint Word Recognition and Segmentation [C]//SCHUETZE H, FUNG P, POESIO M. *Proceedings of the 51st Annual Meeting of the Association for Computational Linguistics (Volume 1: Long Papers)*. Sofia, Bulgaria: ACL, 2013: 731–741.

[220] ZHAO H, HUANG C N, LI M, et al. Effective Tag Set Selection in Chinese Word Segmentation via Conditional Random Field Modeling[C]// *Proceedings of the 20th Pacific Asia Conference on Language, Information and Computation*, November 1–3, 2006, Huazhong Normal University, Wuhan, China. Beijing: Tsinghua University Press, 2006: 87–94.

[221] ZHANG Q, CHEN H, HUANG X. Chinese–English Mixed Text Normalization[C]//CARTERETTE B, DIAZ F. *Proceedings of the 7th ACM International Conference on Web Search and Data Mining, WSDM'14*. New York: ACM, 2014: 433–442.

[222] KAJI N, KITSUREGAWA M. Splitting Noun Compounds via Monolingual and Bilingual Paraphrasing: A Study on Japanese Katakana Words[C]//BARZILAY R, JOHNSON M. *Proceedings of the 2011 Conference on Empirical Methods in Natural Language Processing*. Edinburgh, UK: ACL, 2011: 959–969.

[223] VAN DE CRUYS T, APIDIANAKI M. Latent Semantic Word Sense Induction and Disambiguation[C]//LIN D. *Proceedings of the 49th Annual Meeting of the Association for Computational Linguistics: Human Language Technologies (Volume 1)*. Portland, OR: ACL, 2011: 1476–1485.

[224] IDE N, SUDERMAN K. The American National Corpus First Release[C]//LINO M T, XAVIER M F, FERREIRA F, et al. *Proceedings of the 4th International Conference on Language Resources and Evaluation, LREC 2004*. Lisbon, Portugal: ELRA, 2004: 1681–1684.

[225] YATBAZ M A, SERT E, YURET D. Learning Syntactic Categories Using Paradigmatic Representations of Word Context[C]//TSUJII J, HENDERSON J, PAŞCA M. *Proceedings of the 2012 Joint Conference on Empirical Methods in Natural Language Processing and Computational Natural Language Learning*. Jeju Island, Korea: ACL, 2012: 940–951.

[226] BAŞKAYA O, SERT E, CIRIK V, et al. AI–KU: Using Substitute Vectors and Co–Occurrence Modeling for Word Sense Induction and Disambiguation[C]//MANANDHAR S, YURET D. *Proceedings of the Seventh International Workshop on Semantic Evaluation (SemEval-2013)*. Atlanta, GA: ACL, 2013: 300–306.

[227] WIDDOWS D, DOROW B. A Graph Model for Unsupervised Lexical Acquisition[C]//*Proceedings of the 19th International Conference on Computational Linguistics*. Taipei, China: COLING, 2002: 1–7.

[228] BORDAG S. Word Sense Induction: Triplet–based Clustering and Automatic Evaluation[C]//MCCARTHY D, WINTNER S. *Proceedings of the 11th Conference of the European Chapter of the Association for Computational Linguistics*. Trento, Italy: ACL, 2006: 137–144.

[229] KLAPAFTIS I P, MANANDHAR S. UOY: A Hypergraph Model for Word Sense Induction & Disambiguation[C]//AGIRRE E, MÀRQUEZ L,

WICENTOWSKI R. *Proceedings of the 4th International Workshop on Semantic Evaluations*. Prague, Czech Republic: ACL, 2007: 414–417.

[230] PANTEL P, LIN D. Discovering Word Senses from Text[C]//ZAÏANE O R. *Proceedings of the Eighth ACM SIGKDD International Conference on Knowledge Discovery and Data Mining*. Alberta: ACM, 2002: 613–619.

[231] DOROW B, WIDDOWS D. Discovering Corpus–Specific Word Senses[C]//COPESTAKE A, HAJIČ J. *Proceedings of the Tenth Conference on European Chapter of the Association for Computational Linguistics-Volume 2*. Budapest, Hungary: ACL, 2003: 79–82.

[232] PURANDARE A, PEDERSEN T. Word Sense Discrimination by Clustering Contexts in Vector and Similarity Spaces[C]//*Proceedings of the Eighth Conference on Computational Natural Language Learning (CoNLL-2004) at HLT-NAACL 2004*. Boston, MA: ACL, 2004: 41–48.

[233] YAROWSKY D. Unsupervised Word Sense Disambiguation Rivaling Supervised Methods[C]//USZKOREIT H. *Proceedings of the 33rd Annual Meeting on Association for Computational Linguistics*. Cambridge, MA: ACL, 1995: 189–196.

[234] PINTO D, ROSSO P, JIMÉNEZ–SALAZAR H. UPV–SI: Word Sense Induction Using Self Term Expansion[C]//AGIRRE E, MÀRQUEZ L, WICENTOWSKI R. *Proceedings of the 4th International Workshop on Semantic Evaluations (SemEval-2007)*. Prague, Czech Republic: ACL, 2007: 430–433.

[235] BRODY S, LAPATA M. Bayesian Word Sense Induction[C]//LASCARIDES A, GARDENT C, NIVRE J. *Proceedings of the 12th Conference of the European Chapter of the Association for Computational Linguistics*. Athens, Greece: ACL, 2009: 103–111.

[236] AGIRRE E, SOROA A. SemEval–2007 Task 02: Evaluating Word Sense Induction and Discrimination Systems[C]//AGIRRE E, MÀRQUEZ L,

WICENTOWSKI R. *Proceedings of the 4th International Workshop on Semantic Evaluations*. Prague, Czech Republic: ACL, 2007: 7–12.

[237] MANANDHAR S, KLAPAFTIS I P, DLIGACH D, et al. SemEval–2010 Task 14: Word Sense Induction & Disambiguation[C]//ERK K, STRAPPARAVA C. *Proceedings of the 5th International Workshop on Semantic Evaluation*. Uppsala, Sweden: ACL, 2010: 63–68.

[238] JURGENS D, KLAPAFTIS I P. SemEval–2013 Task 13: Word Sense Induction for Graded and Non–Graded Senses[C]//MANANDHAR S, YURET D. *Proceedings of the Seventh International Workshop on Semantic Evaluation (SemEval 2013)*. Atlanta, GA: ACL, 2013: 290–299.

[239] MEDELYAN O. Computing Lexical Chains with Graph Clustering[C]//BIEMANN C, SERETAN V, RILOFF E. *Proceedings of the 45th Annual Meeting of the ACL: Student Research Workshop*. Prague, Czech Republic: ACL, 2007: 85–90.

[240] MARATHE M, HIRST G. Lexical Chains Using Distributional Measures of Concept Distance[C]//GELBUKH A. *Proceedings of the 11th International Conference on Intelligent Text Processing and Computational Linguistics*. Iaşi, Romania : ACL, 2010: 291–302.

[241] REMUS S, BIEMANN C. Three Knowledge–Free Methods for Automatic Lexical Chain Extraction[C]//VANDERWENDE L, DAUMÉ Ⅲ H, KIRCHHOFF K. *Proceedings of the 2013 Conference of the North American Chapter of the Association for Computational Linguistics: Human Language Technologies*. Atlanta, GA: ACL, 2013: 989–999.

[242] ZHOU D, HUANG J, SCHÖLKOPF B. Learning with Hypergraphs: Clustering, Classification, and Embedding[C]//SCHÖLKOPF B, PLATT J C, HOFFMAN T. *Proceedings of the 19th International Conference on Neural Information Processing Systems*. Cambridge, MA: MIT Press, 2006: 1601–1608.

[243] PU L, FALTINGS B. Hypergraph Learning with Hyperedge Expansion[C]//FLACH D A, DE BIE T, CRISTIANNINI N. *Proceedings of the 2012 European Conference on Machine Learning and Knowledge Discovery in Databases*. Berlin, Heidelberg: Springer, 2012: 410–425.

[244] HOPE D, KELLER B. MaxMax: A Graph–based Soft Clustering Algorithm Applied to Word Sense Induction[C]//GELBUKH A. *Proceedings of the 14th International Conference on Intelligent Text Processing and Computational Linguistics*. Samos, Greece: ACL, 2013: 368–381.

[245] HOPE D, KELLER B. UoS: A Graph–based System for Graded Word Sense Induction[C]//MANANDHAR S, YURET D. *Proceedings of the Seventh International Workshop on Semantic Evaluation (SemEval 2013)*. Atlanta, GA: ACL, 2013: 689–694.

[246] LAU J H, COOK P, BALDWIN T. Unimelb: Topic Modelling–based Word Sense Induction[C]//MANANDHAR S, YURET D. *Proceedings of the Seventh International Workshop on Semantic Evaluation (SemEval 2013)*. Atlanta, GA: ACL, 2013: 307–311.

[247] HAN B, COOK P, BALDWIN T. Automatically Constructing a Normalisation Dictionary for Microblogs[C]//TSUJII J, HENDERSON J, PAŞCA M. *Proceedings of the 2012 Joint Conference on Empirical Methods in Natural Language Processing and Computational Natural Language Learning*. Jeju Island, Korea: ACL, 2012: 421–432.

[248] GOUWS S, HOVY D, METZLER D. Unsupervised Mining of Lexical Variants from Noisy Text[C]//ABEND O, KORHONEN A, RAPPOPORT A, et al. *Proceedings of the First Workshop on Unsupervised Learning in NLP*. Edinburgh, UK: ACL, 2011: 82–90.

[249] HAN B, BALDWIN T. Lexical Normalisation of Short Text Messages: Makn Sens a# twitter[C]//LIN D, MATSUMOTO Y, MIHALCEA R. *Proceedings of the 49th Annual Meeting of the Association for*

Computational Linguistics: Human Language Technologies. Portland, OR: ACL, 2011: 368–378.

[250] BOHNET B, NIVRE J. A Transition–based System for Joint Part–of–Speech Tagging and Labeled Non–Projective Dependency Parsing[C]// TSUJII J, HENDERSON J, PAŞCA M. *Proceedings of the 2012 Joint Conference on Empirical Methods in Natural Language Processing and Computational Natural Language Learning*. Jeju Island, Korea: ACL, 2012: 1455–1465.

[251] REISINGER J, MOONEY R J. Multi–Prototype Vector–Dpace Models of Word Meaning[C]//KAPLAN R, BURSTEIN J, HARPER M, et al. *Proceedings of the 2010 Annual Conference of the North American Chapter of the Association for Computational Linguistics*. Los Angeles, CA: ACL, 2010: 109–117.

[252] NEELAKANTAN A, SHANKAR J, PASSOS A, et al. Efficient Non-parametric Estimation of Multiple Embeddings per Word in Vector Space[C]//MOSCHITTI A, PANG B, DAELEMANS W. *Proceedings of the 2014 Conference on Empirical Methods in Natural Language Processing (EMNLP)*. Doha, Qatar: ACL: 1059–1069.

[253] QIAN T, ZHANG Y, ZHANG M, et al. A Transition–based Model for Joint Segmentation, POS–tagging and Normalization[C]//MÀRQUEZ L, CALLISON–BURCH C, SU J. *Proceedings of the 2015 Conference on Empirical Methods in Natural Language Processing (EMNLP)*. Lisbon, Portugal: ACL, 2015: 1837–1846.

[254] MNIH A, HINTON G. Three New Graphical Models for Statistical Language Modeling[C]//GHAHRAMANI Z. *Proceedings of the 24th International Conference on Machine Learning*. New York: ACM, 2007: 641–648.

[255] HUANG E H, SOCHER R, MANNING C D, et al. Improving Word Representations via Global Context and Multiple Word Prototypes[C]//LI

H, LIN C Y, OSBORNE M, et al. *Proceedings of the 50th Annual Meeting of the Association for Computational Linguistics: Long Papers-Volume 1.* Jeju Island, Korea: ACL, 2012: 873–882.

[256] LIU Y, LIU Z, CHUA T S, et al. Topical Word Embeddings[C]// *Proceedings of the 29th AAAI Conference on Artificial Intelligence.* Austin, TX: AAAI Press, 2015: 2418–2424.

[257] CHEN X, LIU Z, SUN M. A Unified Model for Word Sense Representation and Disambiguation[C]//MOSCHITTI A, PANG B, DAELEMANS W. *Proceedings of the 2014 Conference on Empirical Methods in Natural Language Processing (EMNLP).* Doha, Qatar: ACL, 2014: 1025–1035.

[258] LI J, JURAFSKY D. Do Multi–Sense Embeddings Improve Natural Language Understanding?[C]//MÀRQUEZ L, CALLISON–BURCH C, SU J. *Proceedings of the 2015 Conference on Empirical Methods in Natural Language Processing (EMNLP).* Lisbon, Portugal: ACL, 2015: 1722–1732.

[259] FOSTER J, ÇETINOĞLU Ö, WAGNER J, et al. # hardtoparse: POS Tagging and Parsing the Twitterverse[C]//*Proceedings of AAAI 2011 Workshop on Analyzing Microtext.* San Francisco, CA: AAAI Press, 2011: 20–25.

[260] GIMPEL K, SCHNEIDER N, O'CONNOR B, et al. Part-of–Speech Tagging for Twitter: Annotation, Features, and Experiments[C]//LIN D. *Proceedings of the 49th Annual Meeting of the Association for Computational Linguistics: Human Language Technologies (Volume 2).* Portland, OR: ACL, 2011: 42–47.

[261] KAJI N, KITSUREGAWA M. Accurate Word Segmentation and POS Tagging for Japanese Microblogs: Corpus Annotation and Joint Modeling with Lexical Normalization[C]//MOSCHITTI A, PANG B, DAELEMANS W. *Proceedings of the 2014 Conference on Empirical Methods in Natural Language Processing (EMNLP).* Doha, Qatar: ACL, 2014: 99–109.

[262] DAUMÉ III H, KUMAR A, SAHA A. Frustratingly Easy Domain Adaptation[C]//*Proceedings of the 2010 Workshop on Domain Adaptation for Natural Language Processing*. Uppsala, Sweden: ACL, 2010: 53–59.

[263] PENG F, FENG F, MCCALLUM A. Chinese Segmentation and New Word Detection Using Conditional Random Fields[C]// *Proceedings of the 20th International Conference on Computational Linguistics*. Geneva, Switzerland: COLING, 2004: 562–568.

[264] ZHANG Y, CLARK S. Chinese Segmentation with a Word–based Perceptron Algorithm[C]//ZAENEN A, VAN DEN BOSCH A. *Proceedings of the 45th Annual Meeting of the Association for Computational Linguistics*. Prague, Czech Republic: ACL, 2007: 840–847.

[265] NG H T, LOW J K. Chinese Part–of–Speech Tagging: One–at–a–Time or All–at–Once? Word–based or Character–based?[C]/LIN D, WU D. *Proceedings of the 2004 Conference on Empirical Methods in Natural Language Processing (EMNLP)*. Barcelona, Spain: ACL, 2004: 277–284.

[266] ZHANG Y, CLARK S. Joint Word Segmentation and POS Tagging Using a Single Perceptron[C]//MOORE J D, TEUFEL S, ALLAN J, et al. *Proceedings of the 46th Annual Meeting of the Association for Computational Linguistics: HLT*. Columbus, OH: ACL, 2008: 888–896.

[267] ZHENG X, CHEN H, XU T. Deep Learning for Chinese Word Segmentation and POS Tagging[C]//YAROWSKY D, BALDWIN T, KORHONEN A, et al. *Proceedings of the 2013 Conference on Empirical Methods in Natural Language Processing (EMNLP)*. Seattle, WA: ACL, 2013: 647–657.

[268] DUAN H, SUI Z, TIAN Y, et al. The CIPS–SIGHAN CLP 2012 Chinese Word Segmentation on Microblog Corpora Bakeoff[C]//*Proceedings of the Second CIPS-SIGHAN Joint Conference on Chinese Language Processing*. Tianjin, China: ACL, 2012: 35–40.

[269] COLLINS M, ROARK B. Incremental Parsing with the Perceptron Algorithm[C]//SCOTT D. *Proceedings of the 42nd Annual Meeting of the*

Association for Computational Linguistics. Barcelona, Spain: ACL, 2004, 111–118.

[270] ZHANG Y, CLARK S. A Fast Decoder for Joint Word Segmentation and POS–Tagging Using a Single Discriminative Model[C]//LI H, MÀRQUEZ L. *Proceedings of the 2010 Conference on Empirical Methods in Natural Language Processing*. Cambridge, MA: ACL, 2010: 843–852.

[271] KRUENGKRAI C, UCHIMOTO K, KAZAMA J I, et al. An Error–Driven Word–Character Hybrid Model for Joint Chinese Word Segmentation and POS Tagging[C]//SU K Y, SU J, WIEBE J, et al. *Proceedings of the Joint Conference of the 47th Annual Meeting of the ACL and the 4th International Joint Conference on Natural Language Processing of the AFNLP*. Suntec, Singapore: ACL, 2009: 513–521.

[272] ZHANG M, ZHANG Y, CHE W, et al. Character–Level Chinese Dependency Parsing[C]//TOUTANOVA K, WU H. *Proceedings of the 52nd Annual Meeting of the Association for Computational Linguistics (Volume 1: Long Papers)*. Baltimore, MD: ACL, 2014: 1326–1336.

[273] QIAN X, LIU Y. Joint Chinese Word Segmentation, POS Tagging and Parsing[C]//TSUJII J, HENDERSON J, PAŞCA M. *Proceedings of the 2012 Joint Conference on Empirical Methods in Natural Language Processing and Computational Natural Language Learning*. Jeju Island, Korea: ACL, 2012: 501–511.

[274] ZHANG M, ZHANG Y, CHE W, et al. Type–Supervised Domain Adaptation for Joint Segmentation and POS–Tagging[C]//WINTNER S, GOLDWATER S, RIEZLER S. *Proceedings of the 14th EACL*. Gothenburg, Sweden: ACL, 2014: 588–597.

[275] DAUMÉ Ⅲ H. Frustratingly Easy Domain Adaptation[C]//ZAENEN A, VAN DEN BOSCH A. *Proceedings of the 45th Annual Meeting of the Association for Computational Linguistics*. Prague, Czech Republic: ACL, 2007: 256–263.